CB130110

Pacientes e Médicos

seus direitos e responsabilidades

Décio Policastro

Advogado

Pacientes e Médicos

seus direitos e responsabilidades

Del Rey Editora

Belo Horizonte
2016

CÓPIA NÃO AUTORIZADA É CRIME
ABDR
ASSOCIAÇÃO BRASILEIRA DE DIREITOS REPROGRÁFICOS
RESPEITE O DIREITO AUTORAL

Copyright © 2016 Editora Del Rey Ltda.

Nenhuma parte deste livro poderá ser reproduzida, sejam quais forem os meios empregados, sem a permissão, por escrito, da Editora.
Impresso no Brasil | *Printed in Brazil*

EDITORA DEL REY LTDA.
www.livrariadelrey.com.br

Editor: Arnaldo Oliveira

Editor Adjunto: Ricardo A. Malheiros Fiuza

Editora Assistente: Waneska Diniz

Coordenação Editorial: Wendell Campos Borges

Diagramação: Lucila Pangracio Azevedo

Revisão: Isabel Noll Santiago

Capa: Marcel Hiratsuka

Editora / MG
Rua dos Goitacases, 71- Lj. 20/24
CEP 30190-050 – Belo Horizonte – MG
Tel: (31) 3284-5845
editora@delreyonline.com.br

Conselho Editorial:
Alice de Souza Birchal
Antônio Augusto Cançado Trindade
Antonio Augusto Junho Anastasia
Antônio Pereira Gaio Júnior
Aroldo Plínio Gonçalves
Carlos Alberto Penna R. de Carvalho
Dalmar Pimenta
Edelberto Augusto Gomes Lima
Edésio Fernandes
Felipe Martins Pinto
Fernando Gonzaga Jayme
Hermes Vilchez Guerrero
José Adércio Leite Sampaio
José Edgard Penna Amorim Pereira
Luiz Guilherme da Costa Wagner Junior
Misabel Abreu Machado Derzi
Plínio Salgado
Rénan Kfuri Lopes
Rodrigo da Cunha Pereira
Sérgio Lellis Santiago

Grafia utilizada conforme as regras do Acordo Ortográfico da Língua Portuguesa de 1990.

P766p Policastro, Décio
Pacientes e médicos: seus direitos e responsabilidades. / Décio Policastro. Belo Horizonte: Del Rey, 2016.
xvi + 168 p.
ISBN: 978-85-384-0470-5
1. Doente, Direitos e Deveres. 2. Médico, Direitos e Deveres. 3. Médico, responsabilidade. 4. Doente, responsabilidade. I. Título.
CDU: 347.56:614.25(81)

Para minha mulher Thereza e minhas filhas Silvana e Adriana.

Meu agradecimento especial à Isabel Noll Santiago,
pelo auxílio nos trabalhos de digitação e revisão.

A todos que, direta ou indiretamente,
contribuíram na realização desta empreitada,
meu muito obrigado.

A responsabilidade do médico nasce no momento
em que aceita assistir o enfermo para encontrar a cura, minorar
os efeitos da doença ou controlar a enfermidade,
sob o compromisso do paciente de aderir à sua orientação.
A partir dessa aproximação, forma-se entre ambos um vínculo
pessoal, sustentado numa relação de confiança
e de quase cumplicidade.

Sumário

Apresentação

Este livro é para você: doente, não doente, médico, não médico, profissional que atua ou não na área da saúde. A doença sempre traz aborrecimentos e preocupações. Fato incontestável na vida: dia haverá em que todos nós poderemos ser um paciente.

Qual o melhor caminho? O que devemos e podemos fazer quando estamos frente a frente com a enfermidade e precisamos da ajuda das pessoas que prestam os serviços de assistência à saúde?

Temos que compreender que ao lado dos conhecimentos da ciência médica sempre estarão presentes regras éticas e de direito. São elas que norteiam nossas obrigações e as dos que atuam na área da saúde, como é o caso do médico, dos militantes da saúde em geral, das instituições e empresários que se dedicam à essa importante atividade.

A obra trata uma variedade de assuntos, valiosos para doentes e não doentes, como: até onde vai a vontade do paciente; o resultado médico indesejado; as consequências de um diagnóstico errado; o significado de tratamento paliativo e de excesso terapêutico; a influência da fé, da crença, da religiosidade em benefício da saúde; o direito ao sigilo médico do menor e adolescente e algumas leis que favorecem enfermos, deficientes, mulher e idoso.

Inclui temas que também interessam aos profissionais da saúde, particularmente aos médicos, à medida que tratam do seguinte: os direitos dos médicos; o dever de assistência; os efeitos jurídicos dos danos causados por falha médica; a responsabilidade civil do cirurgião e do anestesiologista; os delitos médicos e a responsabilização penal; a infração ética profissional; a responsabilidade dos farmacêuticos e dos laboratórios; os honorários médicos; as sociedades de médicos.

O livro tem muito em comum com a busca do aperfeiçoamento no atendimento aos enfermos e enfrentamento dos desafios nas relações médico-pacientes vistos sob a ótica da Medicina e do Direito, esses dois campos do conhecimento humano de inegável importância.

O autor

Abreviaturas

AMB	-	Associação Médica Brasileira
art.		artigo
Câm.	-	Câmara
CC	-	Código Civil
CDC	-	Código de Defesa do Consumidor
CEM	-	Código de Ética Médica
CF	-	Constituição Federal
CFF	-	Conselho Federal de Farmácia
CFM	-	Conselho Federal de Medicina
CNRM	-	Comissão Nacional de Residência Médica
CP	-	Código Penal
CPC	-	Código de Processo Civil (atual Lei n. 13.105, de 16.3.2015)
CPEP	-	Código de Processo Ético Profissional
CRM	-	Conselho Regional de Medicina
coord.	-	Coordenador
Des.	-	Desembargador
Des^{a}.	-	Desembargadora
ECA	-	Estatuto da Criança e do Adolescente
ed.	-	edição/editora
j:	-	julgamento
MG	-	Minas Gerais
Min.	-	Ministro(a)
n.	-	número
OMS	-	Organização Mundial de Saúde
p.	-	página
pp.	-	páginas
Proc.	-	processo

Rel.	-	Relator(a)
RQR	-	Registro da Qualificação de Especialista
SBP	-	Sociedade Brasileira de Pediatria
SP	-	São Paulo
STF	-	Supremo Tribunal Federal
STJ	-	Superior Tribunal de Justiça
TCLE	-	Termo de Consentimento Livre e Esclarecido
vol.	-	volume
v.m.	-	votação por maioria
v.u.	-	votação unânime

1
A VONTADE DO PACIENTE E A RESPONSABILIDADE MÉDICA

Como o paciente é o dono do seu corpo, cabe a ele decidir sobre tratamentos. Sua vontade é soberana e deve ser respeitada.

Desde a Constituição Federal às leis ordinárias, o comando legal sempre foi no sentido de garantir o livre arbítrio das pessoas, incluindo o enfermo.

O principal diploma de normatização da profissão médica – Código de Ética Médica – proíbe ao profissional agir sem respeitar o arbítrio do paciente.

É por isso que os esclarecimentos prévios a respeito da moléstia e das terapias a serem prescritas são importantes, pois, a partir das informações, doentes e familiares poderão manifestar a vontade de submeterem-se aos tratamentos recomendados. Se há divergência ou negativa à conduta terapêutica proposta, prevalece a livre vontade do paciente. O médico, então, anotará o consentimento ou a recusa em seus registros: prontuário, ficha médica, ficha de consulta ou de avaliação clínica, seja o nome que lhes dêem, para prevenir-se de eventual acusação de desatendimento à vontade do paciente ou de negligência no atendimento.

O doente tem liberdade de escolha. Pode optar por um, outro ou nenhum tratamento. Isso, porém, não o autoriza a dizer ao médico como agir, até porque é sobre este que recai a responsabilidade profissional.

A propósito, são oportunos breves comentários sobre o documento denominado Termo de Conhecimento Livre e Esclarecido (TCLE), o qual dá ciência ao paciente ou responsável acerca do procedimento a que irá ser submetido. Não será demasiado dizer que a manifestação não isenta o profissional da responsabilidade.

Não raro, quando da realização de alguma prática médica ou por ocasião da internação hospitalar entregam, ao enfermo ou ao acompanhante para assinar, impressos onde os procedimentos estão em branco. Nesses escritos constam declarações de ciência e autorizações para quaisquer atos médicos – invasivos, cirúrgicos, anestésicos ou de sedação – sem esclarecer o tratamento que será ministrado ou, quando muito, acompanhados de vagas informações verbais. Isso, sem dúvida, contraria a intenção do legislador.

Nesse sentido os entendimentos, aqui sintetizados no seguinte pronunciamento, são pacíficos: "Não basta o preenchimento de formulário que é oferecido por hospital, quando o paciente ali ingressa. A autorização, permitindo a realização de qualquer manobra cirúrgica, escrita de forma genérica e à qual o paciente concorda mecanicamente, é considerada mero ato burocrático. Quase sempre o doente desconhece o real sentido da intervenção médica." (Santos, Antonio Jeová. Dano moral indenizável, 4ª ed., revista, ampliada e atualizada, de acordo com o novo Código Civil. São Paulo: Revista dos Tribunais, 2003, p. 274).

A essencialidade do consentimento informado ou escolha esclarecida é inquestionável, notadamente quando envolve graves riscos ou for necessário extirpar membros (cirurgias mutiladoras), reduzir ou anular função orgânica. O documento é tão importante que, exigido inclusive em procedimentos médico-cirúrgicos ambulatoriais, deve ser anexado ao prontuário do paciente. Bom seria a criação pelo CFM de um modelo único regulamentado, de abrangência geral.

Na medida em que aumentam os riscos ou danos ao doente, as exigências relativas ao consentimento informado devem ser atendidas com maior zelo e rigor. Os tribunais têm reagido e consideram negligência o médico deixar de obter o consentimento do enfermo, especialmente nos casos mais graves, cirurgicamente perigosos. Vários julgados revelam que muitas vezes ações judiciais poderiam ser evitadas se esclarecimentos claros e uma boa comunicação entre o profissional, o paciente e a família tivessem ocorrido.

A autonomia do paciente não significa prejudicar a atuação nem tolher a liberdade do médico. Tem seus limites. Sob pretexto algum o profissional permitirá, restrições, ingerências, pressões externas ou imposições prejudiciais à eficiência e à correção do seu trabalho.

A responsabilidade profissional nasce de forma natural e tácita: de um lado há o compromisso médico de usar seus conhecimentos e recursos que dispõe para diminuir os efeitos da enfermidade em busca da cura; do outro, o compromisso do paciente de aceitar as orientações e colaborar com o tratamento proposto. Consequentemente surge entre ambos uma relação de muita confiança. Se em algum momento o relacionamento ficar abalado ou romper-se a confiança, o médico pode renunciar o atendimento informando a sua decisão ao paciente, familiar ou representante legal.

Embora o doente tenha o direito à autodeterminação, o profissional da saúde deve negar-se a praticar procedimentos antiéticos ou que puderem causar danos. Afinal é ele que possui os conhecimentos científicos e responde pelo resultado de um tratamento inadequado, lesivo à saúde e contra a ética.

O médico só deve deixar de assistir o enfermo em circunstâncias especialíssimas: acometido de doença, impedimento superveniente, fato prejudicial à boa relação com o paciente, injunções no seu livre desempenho, afastamento definitivo da atividade.

Violar o desejo do paciente, familiares ou representante legal, se incapaz ou incapacitado de consentir, equivale constranger ilegalmente e arriscar-se à responsabilização civil e penal (CP, art. 146). Destarte, o profissional prudente e responsável tudo anotará em seus documentos médicos e, sempre que possível, obterá do enfermo ou de quem às vezes fizer, uma declaração com o registro da recusa à terapêutica indicada.

2
PACIENTES, FAMILIARES E DEVERES

Muitas vezes exigimos respeito aos nossos direitos esquecendo que os outros também têm os seus. Não podem existir direitos sem os correspondentes deveres. Uns e outros, quando praticados lado a lado, beneficiam a todos.

O amparo à saúde, consagrado na Constituição, tem por base um conjunto de valores fundamentais como o direito à vida, à dignidade humana, à igualdade de tratamento.

Os doentes são protegidos por uma vasta lista de direitos às vezes ignorados ou mal interpretados, mas poucos se preocupam com seus deveres.

É certo que a responsabilidade técnica e a obrigação de assistência recaem sobre o médico e prestadores de serviços da saúde, porém o próprio paciente e seus familiares precisam contribuir para a recuperação. Então, o primeiro dever será colaborar, tanto quanto puderem, com as orientações médicas as quais sempre estarão em busca da cura ou do alívio dos efeitos da moléstia.

O doente possui toda a liberdade de decisão sobre a execução de práticas diagnósticas, terapias, tratamentos e intervenções cirúrgicas, entretanto tem a responsabilidade primária de transmitir o estado de saúde, as alterações e desconfortos físicos e orgânicos que sente para que o profissional possa chegar ao restabelecimento ou, ao menos, minorar as consequências da enfermidade e padecimentos.

Para não ser em vão os esforços em encontrar as melhores soluções ao caso, nada deve ser escondido do médico, ainda que por acanhamento, timidez, recato ou medo. É do seu relato e da avaliação do quadro clínico que um bom diagnóstico e tratamentos bem-sucedidos podem ser construídos. Há quem diga que metade dos diagnósticos corretos se devem às informações dadas pelo paciente.

Paciente que concorda com o tratamento e depois não põe inteiramente em prática, contribui para o avanço do mal e arrisca-se a consequências irreversíveis em prejuízo próprio. Mais ainda: induz o médico a erro, fazendo-o pensar que seu empenho foi inútil, levando-o a abandonar ou substituir a terapia que poderia ser a solução para alcançar a cura.

São exemplos, entre outros, de quebra do dever do doente, reveladores de clara demonstração de desrespeito ao profissional, aquele que injustificadamente não observa horários de consultas, chega atrasado ou, então, deixa de comparecer sem avisar previamente. O médico tem compromissos a cumprir e, também, obrigações com outros pacientes.

Relativamente à pessoa hospitalizada, tanto ela quanto os familiares devem colaborar com os profissionais de todos os níveis e setores da instituição – médicos, não médicos, enfermeiros, demais que exercem outras atividades, inclusive administrativos –, e cumprir as regras internas dos serviços de saúde as quais visam proteger direitos de outros internados ou de quem está no hospital. Têm ainda de compreender que excesso de visitas, ruídos, falatórios, atitudes incompatíveis com o ambiente hospitalar, além de prejudicar outros enfermos, contrariam as normas de civilidade, bom senso e boa educação.

Protelar ou deixar de pagar contas hospitalares e, quando for o caso, os honorários médicos, são atitudes incompatíveis com os deveres do doente, familiares, responsáveis ou representantes legais.

Por conta dos deveres acima, resumidamente comentados, o Ministério da Saúde editou, em 13.8.2009, a Portaria n. 1.820 dispondo a respeito dos direitos e deveres dos usuários da saúde.

São deveres:

Art. 6º Toda pessoa tem responsabilidade para que seu tratamento e recuperação sejam adequados e sem interrupção.

Parágrafo único. Para que seja cumprido o disposto no caput deste artigo, as pessoas deverão:

I - prestar informações apropriadas nos atendimentos, nas consultas e nas internações sobre:

a) queixas;

b) enfermidades e hospitalizações anteriores;

c) história de uso de medicamentos, drogas, reações alérgicas;

d) demais informações sobre seu estado de saúde;

II - expressar se compreendeu as informações e orientações recebidas e, caso ainda tenha dúvidas, solicitar esclarecimento sobre elas;

III - seguir o plano de tratamento proposto pelo profissional ou pela equipe de saúde responsável pelo seu cuidado, que deve ser compreendido e aceito pela pessoa que também é responsável pelo seu tratamento;

IV- informar ao profissional de saúde ou à equipe responsável sobre qualquer fato que ocorra em relação a sua condição de saúde;

V - assumir a responsabilidade pela recusa a procedimentos, exames ou tratamentos recomendados e pelo descumprimento das orientações do profissional ou da equipe de saúde;

VI - contribuir para o bem estar de todos nos serviços de saúde, evitando ruídos, uso de fumo e derivados do tabaco e bebidas alcoólicas, colaborando com a segurança e a limpeza do ambiente;

VII - adotar comportamento respeitoso e cordial com às demais pessoas que usam ou que trabalham no estabelecimento de saúde;

VIII - ter em mão seus documentos e, quando solicitados, os resultados de exames que estejam em seu poder;

IX - cumprir as normas dos serviços de saúde que devem resguardar todos os princípios desta Portaria;

X - ficar atento às situações de sua vida cotidiana que coloquem em risco sua saúde e a da comunidade, e adotar medidas preventivas;

XI - comunicar aos serviços de saúde, às ouvidorias ou à vigilância sanitária irregularidades relacionadas ao uso e à oferta de produtos e serviços que afetem a saúde em ambientes públicos e privados;

XII - desenvolver hábitos, práticas e atividades que melhorem a sua saúde e qualidade de vida;

XIII - comunicar à autoridade sanitária local a ocorrência de caso de doença transmissível, quando a situação requerer o isolamento ou quarentena da pessoa ou quando a doença constar da relação do Ministério da Saúde; e

XIV - não dificultar a aplicação de medidas sanitárias, bem como as ações de fiscalização sanitária.

Não bastassem tais disposições, o Conselho Nacional de Saúde tem a Carta dos Direitos e Deveres dos doentes exposta em hospitais, sintetizando aquelas obrigações:

1. Dever de se abster de atitudes, comportamentos e hábitos que ponham em risco a sua própria saúde ou a de terceiros.
2. Dever de contribuir para a melhoria, ao seu alcance, das condições de saúde familiar e ambiental.
3. Dever de colaborar com os profissionais da saúde, nomeadamente respeitando as recomendações que são feitas e fornecendo todas as informações necessárias para a obtenção de um diagnóstico correto e um tratamento adequado.
4. Dever de respeitar o pessoal de saúde e as regras de funcionamento das instituições, nomeadamente honrando as marcações das consultas e informando, tão cedo quanto possível, se estiver impossibilitado de comparecer.
5. Dever de respeitar os direitos dos outros utentes.
6. Dever de utilizar os serviços de saúde, suas instalações e equipamentos, de forma apropriada e responsável.
7. Dever de colaborar na redução de gastos desnecessários e comparticipar nos custos da saúde, de acordo com as suas possibilidades.
8. Dever de não pedir ou pressionar os profissionais da saúde para que forneçam documentos e informações que não correspondam à realidade dos fatos.

Sempre é bom advertir que médicos e hospitais podem negar tratamento a quem, deliberada e obstinadamente, se recusa seguir as recomendações, orientações e medicamentos prescritos ou cumprir seus deveres.

3
DEVER MÉDICO DE DAR ASSISTÊNCIA. OMISSÃO DE SOCORRO

Um acontecimento inesperado pode levar à situação tal que obrigue prestar auxílio imediato a quem tiver a incolumidade física prejudicada ou com risco de perder a vida: desastres, mal súbito, acidentes domésticos ou em via pública, afogamentos, calamidades.

O dever de prestar socorro é manifestação de solidariedade humana e ajudar o próximo, a sua regra mais importante.

Omitir-se é ato de não fazer o que moral ou juridicamente deveria ser feito. É conduta negativa de quem deixa de realizar determinada ação. Quando o efeito atinge o ser humano ou um bem protegido juridicamente, passa a interessar ao Direito e à Ética.

A lei civil buscará a reparabilidade do dano, a penal a proteção da sociedade, e as regras administrativas a punição pela violação da conduta profissional antiética.

Deixar de socorrer pessoa ferida ou em grave e iminente perigo ou não pedir auxílio da autoridade pública, caracteriza conduta típica penal. É o delito de omissão de socorro, punido pelo Código Penal.

A norma é abrangente. O dever de socorrer o semelhante, vítima de algum mal inesperado ou gravemente ferido, estende-se a qualquer de nós como obrigação a qual só deixará de ser exigida quando puser em risco quem for dar a ajuda.

Se a falta de ação agravar o dano sofrido pelo vitimado, o comportamento inerte poderá ser causa de reparação civil, frente à omissão ilicitamente praticada.

Diante dessas premissas observa-se que não é apenas o médico que pode ser acusado de omisso. No entanto, se para o cidadão comum deixar de prestar socorro deriva de preceitos legais, para o profissional da saúde é, também, atitude ética que se soma aos seus deveres. De modo que, se tanto um como outro deixa de intervir ou de atender alguém ferido ou em iminente perigo de perder a vida, sujeitar-se-á a sérias consequências de natureza civil, penal e administrativa.

Exemplo bastante representativo encontra-se no seguinte trecho de decisão proferida pelo Tribunal de Justiça do Rio de Janeiro: "(...) 2. O autor, como afirma em sua petição inicial, é um conhecido ortopedista e foi solicitado pelas comissárias de bordo para prestar socorro a um dos passageiros que se encontrava com problemas de saúde durante o voo. Tratava-se, pois, de uma emergência, uma vez que o avião não estava em "terra firme" e as prepostas da ré não tinham alternativas senão pedir ajuda a algum passageiro que tivesse conhecimentos técnicos para impedir que um mal maior ocorresse com o passageiro enfermo. 3. Assim, verifica-se no caso concreto que tanto o autor como as prepostas da ré agiram no exercício de um dever legal, não sendo cabível qualquer cobrança pela prestação do socorro em comento. Ao revés, uma eventual negativa do autor em fazê-lo poder-se-ia ser considerada conduta criminosa, tipificada pelo Código Penal Brasileiro." (TJRJ – 17ª Câm. Cível – trechos da ementa da Ap. cív. n. 0210018-79.2009.8.19.0001 – Rel. Desª. Márcia Ferreira Alvarenga – j: 28.7.2010, v.u.).

O alvo de toda a atenção do médico é a saúde do ser humano, em benefício da qual deverá agir com o máximo de zelo e o melhor da sua capacidade profissional. Por conseguinte, transgride o dever ético o médico que não atende quem procura seus cuidados, especialmente nos casos de manifesta urgência ou emergência, quando não houver outro médico ou serviço médico em condições de fazê-lo. Assim proclama o Código de Ética Médica, obediente à mensagem de Hipócrates e que todo o militante da Medicina deve seguir.

A norma ética, quando fala em recusa de atendimento, tem amplo alcance: não significa que a omissão aconteça tão e só nos casos de urgência ou de emergência. Como se sabe, no primeiro há comprometimento da integridade física, porém, sem iminente risco de vida, mas o paciente precisa ser atendido com rapidez para evitar consequências mais graves; no segundo o estado de saúde fica alterado a ponto de causar iminente risco de vida, reclamando cuidados imediatos.

A omissão fica igualmente evidenciada quando o profissional, sem motivo plausível, ignora chamado ao ser solicitado para atender necessitado na residência ou em hospital.

A preservação da vida, bem maior do ser humano, tem prioridade absoluta sobre quais forem os motivos.

Constitui infração penal, ilícito civil e comportamento antiético a postura do médico, autônomo ou não, dos militantes da saúde, dirigentes de hospitais, pronto socorros, pronto atendimentos, casas de saúde, bem como de seus respectivos prepostos, deixar de dar socorro por falta de pagamento de honorários ou de recursos financeiros de quem precisa; negar atendimento por inexistência de convênio; exigir cheque-caução, nota promissória ou a garantia que for; impor preenchimento prévio de formulários administrativos como condição para atendimento médico-hospitalar emergencial.

Prontos socorros, públicos e privados, sempre devem estar estruturados para prestar serviços de urgência e emergência a qualquer do povo, sob pena de seus responsáveis responderem por ilícito ético, civil e penal.

Se porventura a vítima não quiser receber ou impedir os cuidados médicos, a circunstância não elimina a responsabilidade porque, nesses casos, quem der o primeiro atendimento tem a obrigação de levar o fato ao conhecimento da autoridade pública competente ou do superior, quando for o caso.

4

DIREITOS DOS MÉDICOS

No dia a dia da atuação profissional, além dos deveres peculiares à atividade, os médicos também têm seus direitos e prerrogativas.

O CEM dedica um capítulo inteiro aos Direitos dos Médicos. Todos são importantes e devem ser observados. Contudo alguns são mais significativos.

A não ser em hipóteses muitos especiais como, por exemplo, na falta de outro profissional da saúde em condições de intervir, nos casos de urgência e emergência ou se a recusa puder causar danos ou agravar o estado do necessitado, eles estão desobrigados de prestar serviços a quem não desejarem.

Surgindo fatos comprometedores ao bom relacionamento com o doente, os médicos têm o direito de se afastar do atendimento. Porém, defrontando-se com tal situação, devem informar a decisão ao paciente ou ao responsável para providenciarem a substituição por outro profissional e permanecer à disposição para dar as informações necessárias à continuidade do tratamento.

Têm a garantia legal de atuarem com ampla autonomia e liberdade de escolha dos métodos diagnósticos e procedimentos terapêuticos que julgarem acertados às necessidades das pessoas e dedicarem aos que estiverem sob seus cuidados o tempo necessário para assegurar a prática das atividades. Ainda que não façam parte do corpo clínico de instituições hospitalares ou delas tenham sido excluídos, detêm a prerrogativa de internar e assistir seus pacientes.

A não ser para defesa própria, talvez mais importante que os demais, é o direito-dever de se calarem sobre a saúde e informações recebidas no decorrer de consultas e/ou tratamentos. O sigilo entre os médicos e os pacientes é sagrado: não pode ser afrouxado. Chamados a depor em juízo, têm o direito de alegar segredo médico, estando desobrigados a falar sobre fatos a cujo respeito tiveram conhecimento em razão da profissão.

Outro de seus direitos é absterem-se de trabalhar em estabelecimentos cujas condições possam prejudicar a vida ou a saúde dos enfermos, não ofereçam meios adequados à pratica ética da medicina ou, ainda, que proponham atuações em procedimentos contrários aos ditames de suas consciências.

Ao se ver em situações em que está obrigado a praticar atos conflitantes com as convicções pessoais, o profissional pode negar-se a realizá-los amparado no argumento de que são contrários aos seus princípios. É o que se denomina objeção de consciência médica admitida no CEM.

Ninguém está obrigado a agir contra a consciência, especialmente se ofender valores morais éticos e religiosos. Trata-se de direito fundamental do indivíduo garantido na CF e sedimentado na jurisprudência nos tribunais brasileiros. Entretanto a objeção não serve como justificativa nas situações que envolvem risco de morte e se o necessitado não tiver a quem se valer para receber o socorro.

Proteger o uso da sua imagem por terceiros é mais outro direito que a lei lhes confere. Grosso modo, compreende-se por imagem a reprodução visual de cenas, objetos ou alguém por quaisquer meios técnicos.

A imagem das pessoas também está protegida constitucionalmente e a violação dessa salvaguarda assegura indenização pelo dano material ou moral que causar (CF, art. 5º, X).

A rigor, entre os Direitos dos Médicos elencados no CEM, não está incluído o de impedir serem fotografados, filmados ou registrados por meio eletrônico os procedimentos durante ou depois da realização, ainda que com intuito científico, pedagógico ou, apenas, para preservação familiar. No entanto, há de se reconhecer a autonomia do profissional em consentir ou não. É uma decisão de caráter individual, no mais das vezes sem oposição.

Se, por um lado os médicos têm direito de recusar a filmagem de suas pessoas e/ou do procedimento ou, ainda, permitir que os registros sejam feitos com alguma limitação, cobrar pelo direito à imagem é situação reprovável que fere normas éticas, notadamente quando for para propaganda de serviços profissionais com propósito lucrativo ou não.

No que diz respeito às redes sociais – *sites, blogs, Facebook, Twiter, LinkedIn, YouTube e outros* – a Resolução n. 2.126/2015 do CFM adverte que utilizadas sem cautela ética, com abusos, sensacionalismo, autopromoção, em concorrência desleal, violação de sigilo, podem provocar indenizações, consequências penais e punições administrativas.

Atingidos publicamente no exercício profissional por ofensas, denúncias infundadas, condutas desabonadoras ou ultrajantes, práticas antiéticas de caráter sensacionalista, poderão requerer ao Conselho de Medicina da jurisdição onde atuam, desagravo público e reivindicar a publicação de notas esclarecedoras de que não foram nem estão sendo processados eticamente. O instituto é pouco utilizado, mas todos os inscritos nos Conselhos de Medicina gozam dessa prerrogativa.

Eles também detêm o direito de denunciar à Comissão de Ética do hospital ou ao Conselho Regional de Medicina da jurisdição onde o fato se der, condutas médicas em desacordo com a ética médica que souberem, inclusive aos órgãos públicos de fiscalização sanitária condições impróprias que notarem, capazes de comprometer a qualidade da assistência médica prestada.

Mais um direito. A Lei n. 3.999, de 15.12.1961, lhes favorece jornada de trabalho diferenciada: mínimo duas e no máximo quatro horas diárias; para cada noventa minutos de trabalho, gozam de um repouso de dez minutos.

Como é muito comum trabalharem para mais de um empregador em regime de horas extras e/ou em período noturno, vale mencionar que, aos incluídos na hipótese, a jornada não pode ser superior a seis horas diárias.

Se houver acordo escrito ou, então, por motivo de força maior, poderão ser agregadas horas suplementares ao horário regular não excedentes de duas e remuneradas com acréscimo de vinte e cinco por cento à hora normal, se diurna (art. 8º) e de mais 20% quando se tratar de trabalho noturno (art. 9º).

5

O RESULTADO MÉDICO ADVERSO

É comum ouvir comentários como estes: o médico receitou tal remédio para meu vizinho e deu certo; um conhecido foi submetido à mesma cirurgia que a minha e tudo deu certo; por que isso não aconteceu comigo?

Na Medicina, por maiores que sejam os avanços dos conhecimentos, há situações em que o agir foi correto, porém o mal sobrevém independente do comportamento do profissional da saúde. Invariavelmente deflagra na mente do enfermo, dos familiares e do leigo, a ideia de que houve falha médica.

Às vezes manifestam-se no organismo respostas nocivas, imprevisíveis, sem que as causas e os danos possam ser explicados nem imputados à uma conduta médica reprovável: a terapia é bem aplicada e a resposta revela-se decepcionante porque o paciente é não responsivo ao tratamento prescrito para a doença; realiza-se a cirurgia dentro da melhor técnica, entretanto resulta em fracasso; o medicamento é receitado corretamente, mas produz algo inesperado. Daí dizer-se que a certeza médica é quase impossível e sempre lembrar que a atividade médica é de meios e não de resultado.

Indiscutível que reações orgânicas são desiguais e quase impossíveis de prever. Variam de pessoa para pessoa e, por vezes, surgem num mesmo indivíduo de forma diferente e em ocasiões distintas.

Os profissionais da saúde utilizam alguns termos para esclarecerem ocorrências médicas negativas. São expressões empregadas para explicar o surgimento de um evento desfavorável que não podia ser previsto nem informado antecipadamente: intercorrências, acidente imprevisível, mal incontrolável, evento adverso, resultado adverso, resultado indesejado, etc.

Eventos adversos de origem indeterminada, maléficos ao enfermo, podem surgir em razão de múltiplos fatores estranhos à atividade médica ou aliados à falha do serviço prestado. Exemplos: faixa etária, reação contrária do organismo, falta de resistência imunológica, parada cardiorrespiratória, hemorragia imprevisível, interação medicamentosa e outras situações anômalas, casos em que inexiste contribuição culposa. São circunstâncias excepcionais, alheias à vontade, portanto sem relação alguma com a culpa.

De que modo o direito e a justiça veem tais acontecimentos?

Culpa supõe falta de diligência, de prudência ou de perícia que habitualmente deveriam existir em relação ao que era esperado para execução do ato.

Calcada em princípios gerais do direito, a responsabilidade civil tem como pressupostos a ação ou omissão do praticante do ato, a culpa e o nexo causal, significando, este último, a íntima relação entre o ato e o efeito prejudicial produzido na vítima.

Como ninguém pode ser responsabilizado pelo dano ao qual não deu causa, também o profissional da saúde estará isento de responder pelos males advindos dos acontecimentos imprevisíveis que escapam ao seu domínio e à própria ciência médica. É o dano desculpável, o mau resultado sem culpa.

Procedimentos médicos, sejam de que natureza for, podem ter complicações orgânicas imprevistas, distantes da atuação do militante da saúde.

Ocorrências que não dão para escapar, advindas de causas naturais e que tornam inviável cumprir corretamente um dever, são causas excludentes da responsabilidade.

Cabe ao médico, antes de decidir qual a conduta adequada ao quadro apresentado pelo paciente, informar primeiramente, a pedido ou não do enfermo, familiares ou representante, os possíveis efeitos do tratamento, a existência ou não de alternativas e mencionar que todo procedimento tem sua margem de risco, grau de complicação ou de manifestações orgânicas contrárias, por mais leves que sejam.

Isso explica porque, antecedentemente à prática da atividade médica, o doente e a família precisam saber o que lhes espera. Eles têm o direito de saber tudo acerca do procedimento clínico ou cirúrgico, bem como dos resultados aguardados, para concordarem ou não. A informação, além de ser um dever médico cuja transgressão viola a ética profissional e gera responsabilização, é elemento importante favorável à defesa do profissional nas demandas em que se pretende ressarcimento decorrente de um resultado indesejado.

Considerando que toda ciência tem sua terminologia, informações claras, linguajar compreensível a respeito da execução de práticas diagnósticas ou terapêuticas, possíveis riscos, recidivas, efeitos colaterais de medicamentos, sequelas, etc., afastarão dúvidas, pouparão contrariedades, acusações infundadas e aborrecimentos.

Sempre é conveniente lembrar que o bom relacionamento e a boa comunicação entre o profissional, pacientes e familiares, são fundamentais para os enfermos e pessoas que os cercam. Certamente evitarão ações judiciais a todos desgastantes.

6
DIAGNÓSTICO ERRADO: CONSEQUÊNCIAS

Na Medicina os vocábulos diagnóstico/diagnose indicam o ato pelo qual o médico identifica os sinais ou a presença de uma doença a partir dos subsídios colhidos pela anamnese: histórico do enfermo, enfermidades anteriores, lembrança dos primeiros sinais da enfermidade, exame físico e clínico, reação a medicamentos, sintomas presentes, entendendo-se estes últimos como alguma alteração orgânica persistente notada pelo paciente.

Segundo a definição do Grande Dicionário Brasileiro de Medicina, é a "determinação de uma doença com base nos sintomas apresentados. O diagnóstico se fundamenta no levantamento detalhado dos dados fornecidos pela anamnese, no exame físico do doente, na sintomatologia clínica e emprego de todos os recursos da pesquisa científica" (Editora Maltese, p.100).

A partir da análise daqueles elementos torna-se possível identificar a doença. Por isso que ouvir as explicações do doente e saber escutar suas queixas são relevantes para a formação do bom diagnóstico, fundamental para iniciar ou prosseguir com tratamentos. Contudo, bons diagnósticos não dependem só das informações do enfermo, mas, principalmente, das observações, do resultado de exames complementares e das competências adquiridas pelo médico no dia-a-dia da profissão. Não é tarefa fácil. Precisa ser desenvolvida com critério e imprescindíveis conhecimentos científicos.

Somente o médico detém competência legal para a realização de diagnóstico. Entretanto, a partir da Lei n. 12.842, de 10.7.2013 que dispõe sobre o exercício da Medicina, profissionais de outras áreas da saúde – enfermeiros, farmacêuticos, biomédicos – ficaram autorizados a diagnosticar e prescrever em situações muito especiais como, por exemplo, nos programas de combate e prevenção à tuberculose, dengue, malária, hanseníase.

No passado, não existiam meios adequados para diagnosticar eficazmente. Atualmente, a engenharia biomédica, a tecnociência aplicada à saúde, oferecem mecanismos e aparelhamentos sofisticados viabilizando diagnósticos mais precisos, capazes, inclusive, de detectar patologias em estado inicial e alterações orgânicas associadas a doenças sequer manifestadas.

No geral, os erros inevitáveis de diagnóstico são insuficientes para responsabilizar, pois nem sempre as circunstâncias e o estado do paciente favorecem uma diagnose precoce, exata e precisa, porquanto excluem a culpa vez que não caracterizam ato negligente. Se o profissional agiu corretamente dentro das circunstâncias que se faziam presentes ou, então, se ausentes os sintomas clássicos e a evolução da doença for rápida para impedir um diagnóstico, não tem cabimento a imputação de erro.

O médico, como todo ser humano, não tem o privilégio da infalibilidade. Pode falhar. No entanto, o profissional zeloso que antes de diagnosticar recorre aos recursos científicos existentes ao seu alcance, mesmo quando a hipótese diagnóstica parecer compatível com o quadro sintomático, seguramente ficará isento da acusação de ter agido displicentemente.

Em princípio o erro de diagnóstico não gera responsabilidade, salvo se tomado sem atenção e precauções incondizentes com princípios patogênicos elementares, apresentar-se como manifesto e grosseiro.

O que são condenadas são condutas afoitas, reveladoras de culpa negligente, indutoras de diagnósticos malfeitos e grosseiramente errados. Estes sim são viabilizadores de ressarcimentos civis e penalidades administrativas, em especial quando leva o enfermo a perder a chance de eliminar algo que lhe permitiria a oportunidade de cura.

Estes exemplos reúnem algumas decisões judiciais proferidas em demandas indenizatórias baseadas em diagnósticos errados e expõem a tendência dos tribunais: (i) não concedendo indenização: diagnóstico de uma simples enxaqueca ao invés de hemorragia cerebral em que o paciente, embora vindo a morrer, não apresentava os sintomas e em que o atendimento prestado fora perfeitamente adequado à situação. O diagnóstico foi considerado compatível com o quadro sintomático (TJSP – Ap. cív. n. 214.801-1 – Araçatuba – Rel. Des. J. Roberto Bedran – j: 24.10.1994, v.u.); (ii) concedendo indenização: broncopneumonia não diagnosticada por não se tratar de moléstia incomum (1º TAC de São Paulo – Ap. cív. n. 0684076-6 – 11ª Câm. – Rel. Urbano Ruiz – j: 9.3.1998, v.u.); paciente atendida ambulatorialmente várias vezes até ser internada para submeter-se a cirurgia após tardia constatação da doença falecendo dias depois. Negligência médico-hospitalar caracterizada, porque os sintomas indicavam necessidade de internação imediata, com exames aptos ao diagnóstico (TJSP – 5ª Câm. – Ap. cív. n. 276.395 – Rel. Des. Barros Monteiro Filho – j: 12.2.1980, v.m. – in RJTJSP 64/100).

Enfim, anamnese descuidada, diagnóstico mal feito, tardiamente realizado, errôneo, sem o respaldo de exames laboratoriais e/ou por imagens significam condutas impróprias, negligentes e imprudentes que, não raro, trazem consequências às vezes irreversíveis, passíveis de contribuir para o avanço da doença e até levar à morte.

Vale lembrar que incorre em infração ética o médico que deixa de recorrer a todos os meios disponíveis ao seu alcance para diagnosticar, que exagera a gravidade do diagnóstico ou do prognóstico e que complica a terapêutica ou quaisquer outros procedimentos.

Anoto, finalmente, que o Tribunal Pleno do Conselho Federal de Medicina tem decisão considerando falta ética, a indicação de procedimento cirúrgico sem esgotar os recursos disponíveis de investigação de diagnóstico (Proc. n. 31/1985).

7
ERRO MÉDICO. TEORIAS DE DIREITO APLICÁVEIS

As modificações do comportamento humano levam o Direito a se adaptar aos fenômenos sociais que vão ocorrendo. Surgem, então, novas concepções, princípios e interpretações.

Além da clássica teoria objetiva, em que a responsabilidade recai sobre quem causou o dano independentemente de provar a culpa, e da teoria subjetiva, em que é necessário provar a presença da culpa em qualquer das suas modalidades – imprudência, imperícia ou negligência –, doutrina e jurisprudência construíram outras, úteis em várias situações e, especialmente, nas demandas em que ressarcimentos por erro médico são reivindicados:

Teoria das cargas probatórias dinâmicas ou teoria dinâmica de distribuição do ônus da prova ou, ainda, teoria das cargas probatórias compartilhadas.

Como todos sabem, fatos afirmados em juízo devem ser provados por quem os alega. Por conseguinte, as provas são essenciais tanto para quem acusa como para quem se defende. O dever (ônus) de provar determinado fato cabe ao autor da ação quanto ao fato constitutivo do seu alegado direito, ao passo que ao imputado causador do dano (réu) incumbe demonstrar a inexistência, alguma circunstância impeditiva, modificativa ou extintiva daquele direito.

Nas questões baseadas em erro médico, o paciente vitimado precisa provar, além do dano, o fato e a conduta que o prejudicou física, moral ou materialmente. A regra tem exceções.

Algumas vezes o juiz inverte o dever do autor e o transfere ao réu para que este, como no caso de erro do médico, sendo possuidor de conhecimentos técnicos para a prática do ato, demonstre que a sua conduta profissional foi correta.

Pois bem, em oposição à faculdade do julgador de inverter o ônus da prova, surgiu a teoria das cargas probatórias dinâmicas pela qual a produção da prova pode ser atribuída a quem estiver em melhor condição de produzi-la. O intuito é dar tratamento equitativo, para que uma das partes não fique em situação de comodidade ou passividade em relação à outra. Em outras palavras: transfere-se o encargo a quem puder realizá-la com mais eficiência, menores gastos e maior rapidez, ainda que os fatos jurídicos a serem provados tenham sido alegados pelo adversário.

Conforme sustenta Miguel Kfouri Neto, no campo da responsabilidade médica, a teoria possibilita ao juiz valer-se dela "sobretudo para obviar o inconveniente do imobilismo probatório. Censurável, a todas as luzes, a postura estática de qualquer dos litigantes, na atividade probatória, tendo em vista a atribuição taxativa do '*onus probandi*' pelo art. 333, do CPC (art. 373 do atual CPC). E o rigor legal, por vezes, enseja a adoção dessa atitude passiva, com maior frequência pelo réu. Para evitar que isso aconteça, o juiz, em busca da verdade real, poderá atribuir a produção de determinada prova àquela das partes que se encontre em melhores condições de fazê-lo." (Responsabilidade Civil dos Hospitais: código civil e código de defesa do consumidor. São Paulo: Editora Revista dos Tribunais, 2010, p. 80).

Teoria do risco inerente.

Nos procedimentos de alta complexidade – por exemplo cirurgias de elevado risco –, existem situações em que o ato médico traz em si grande probabilidade de dano. Em casos como esses, os riscos são permitidos porque assumidos para encontrar benefícios à saúde e, não raro, conservar a vida do doente.

No entanto, antes da atividade arriscada ser praticada, paciente e familiares devem ser bem esclarecidos. Deixando de informar e de obter o consentimento, o profissional viola direitos e deveres reprimidos pelo CEM. Se agir com cautela, observando as regras e os protocolos recomendados, o médico não será responsabilizado pelo evento adverso, ainda que resulte em óbito, considerando o risco inerente ao próprio ato da profissão.

Foi baseado no entendimento de que há perigos intrínsecos ou intimamente relacionados a certas atividades cujos benefícios esperados se sobrepõem aos comportamentos arriscados, que surgiu a teoria do risco inerente.

A teoria, no âmbito da atividade médica, encontra-se sintetizada neste pronunciamento de Sérgio Cavalieri Filho: "(...) Há riscos que são inerentes a certos serviços, intrinsecamente atados à sua própria natureza e modo de funcionamento – como, por exemplo, os serviços médico-hospitalares. A cirurgia de uma pessoa idosa – ou mesmo outros tipos de cirurgia ou tratamentos –, por si só, representa riscos que não podem ser evitados ainda que o serviço seja prestado com a técnica e segurança. Transferir as consequências desses riscos (inerentes) para o prestador do serviço seria ônus insuportável; acabaria por inviabilizar a própria atividade. Daí por que, na medida em que o risco inerente está associado a inúmeros serviços tidos como imprescindíveis à vida moderna, o caminho que se tem é controlar a sua execução. Desde que executados com segurança, acompanhados de informações adequadas, não acarretarão responsabilidade para seus operadores pelos eventuais danos decorrentes da periculosidade inerente. Se a cirurgia de uma pessoa idosa, embora realizada com toda técnica e segurança, não for bem-sucedida, o insucesso não poderá ser imputado a quem prestou o serviço. (...)" (Programa de Responsabilidade Civil. 2ª edição. Rio de Janeiro: Malheiros, 2000, pp.174 e 175).

Teoria da perda de uma chance.

Chance exprime noção de expectativa, de probabilidade, ou seja, de um proveito esperado. Ocasionar ao enfermo a perda da oportunidade de ser curado ou de sobreviver, significa conduta médica culposa.

Pela teoria, o doente que por um comportamento médico deixou de obter um provável e decisivo resultado benéfico, isto é, se dele foi retirada ou reduzida a chance de alcançar um desfecho favorável para a saúde, tem direito a ressarcimento. Para o dano ser reparado é preciso que a atuação ou a omissão do profissional decorra de procedimento cuja realização era seu dever.

A teoria está bem explicada por João Monteiro Castro na seguinte passagem: "O que se cogita é a reparação de uma perda de chance e não um prejuízo resultante de um evento que teria podido acontecer e não pode mais, o que seria pretender indenização por dano eventual. A pretensão volta-se para a reparação do dano consistente do que haja feito o devedor, de modo a impossibilitar definitivamente a produção do evento. Ou seja, alguém por um ato culposo retira definitivamente de outrem a possibilidade de ter um benefício ou de evitar uma perda. Apresenta-se o fato de uma situação já consolidada como definitiva e que não mais modificará o desenvolvimento de uma sequência de acontecimentos que poderia oferecer a chance de ganhar ou de perder." (Responsabilidade Civil do médico. São Paulo: Método, 2005, p. 191).

O bom direito não se assenta em hipóteses. Por isso que a expectativa do benefício precisa ser firme, efetiva, provável, não eventual, nem baseada na mera ilusão de um talvez que, se praticada, a conduta poderia ter evitado definitivamente a perda ou deixado de trazer o bem que deixou de ser obtido.

Teoria da 'res essa loquitur' ou da 'in re ipsa' ou do 'danum in re ipsa'.

Traduzidas para o nosso idioma, grosso modo, as expressões querem dizer que a coisa está em si mesma, fala por si ou que o dano está na própria coisa. Baseia-se no fato de que as evidências das consequências do ato são tamanhas que não dão espaço a contestações. Podem ser percebidas imediatamente.

A presunção nestes casos é incontestável, por isso torna-se desnecessário produzir prova dos efeitos lesivos do ato omissivo ou comissivo, uma vez que apenas retardaria o julgamento da demanda em franco aumento dos prejuízos já existentes. Suficiente demonstrar, tão e só, a relação entre o ato praticado e o resultado danoso.

No geral os doutrinadores apontam a exigência de alguns elementos para sustentar a teoria: (i) o dano deve resultar de negligência, imperícia ou imprudência; (ii) precisa ter sido causado pelo médico ou por alguém sob seu comando, orientação ou supervisão; (iii) o paciente não deve ter contribuído de nenhuma forma para a ocorrência.

Teoria do dano reflexo ou em ricochete.

Em princípio a indenização é devida somente ao lesado direto, ou seja, àquele que sentiu, imediata e pessoalmente, a consequência do ato ilícito. Entretanto os efeitos dos danos, quer patrimoniais quer extrapatrimoniais, às vezes projetam-se indiretamente em terceiros.

Com o intuito de estender a proteção às pessoas ligadas à vítima por laços afetivos ou dela dependentes economicamente, admitem-se como indenizáveis os prejuízos causados a outrem: teoria do dano reflexo ou em ricochete.

Segundo a teoria, quem for atingido pela ação culposa, ainda que de maneira indireta ou mediata, torna-se parte legítima para ajuizar o ressarcimento das perdas sofridas. Titular que é de direito autônomo pode, assim, exercer seu direito isoladamente ou, se desejar, conjuntamente com a vítima imediata.

Para isso, o atingido pelo ato lesivo via reflexa haverá de demonstrar o nexo de causalidade entre o ato culposo e o efeito prejudicial nele produzido, mas o prejuízo deve ser atual, real e efetivo, não puramente hipotético ou eventual. Mera probabilidade ou incerteza de que um dano sobrevirá, não gera dever de reparação.

8
FALHA MÉDICA E DANOS INDENIZÁVEIS

Um procedimento médico praticado erroneamente pode representar resultado desastroso com danos materiais, morais e estéticos. Uns e outros são indenizáveis.

Falha ou falta médica, erro médico, erro técnico, má prática profissional, mau desempenho profissional, conduta inadequada, são expressões usualmente utilizadas para expressar a ação de consequência indesejada produzida pelo atuar dos militantes da saúde, considerados abrangentemente: médicos, hospitais, entidades atuantes na área, enfim os profissionais envolvidos na cadeia de assistência ao enfermo. Havendo mais de uma opção admitida pela medicina e o profissional escolher uma delas, não pode ser considerado erro médico se o agir foi conforme as regras, a técnica e os protocolos recomendados, mesmo sobrevindo um mal resultado. Igualmente quando acontecem alterações patológicas, inerentes ou provocadas pelo próprio tratamento que se impõe (iatrogenia).

Dano material é sofrer prejuízo ou perda financeira, ao passo que dano moral significa sofrimentos psíquicos: dor, angústia, aflição, tristeza. São sentimentos que não possuem valor econômico, porquanto impossíveis de serem mensurados, mas que o direito procura amenizar obrigando o causador da ofensa a reparar o dano, além de puni-lo para que não repita a conduta ilícita.

A gravidade do acontecimento, as condições sociais e financeiras dos envolvidos são os elementos levados em consideração para, dentro dos princípios da proporcionalidade e razoabilidade, fixar-se o valor adequado, ou pelo menos próximo, da recomposição dos prejuízos. O dano estético tem outro significado. Corresponde a uma deformidade corporal permanente que aumenta os sentimentos de dor e tristeza.

É possível pleitear judicialmente em única demanda indenizações por dano material, moral e estético.

A responsabilização civil pressupõe a existência de prejuízo decorrente de um agir ou não agir, agregado à relação de causa e efeito entre a conduta e o resultado atingido. Daí fica fácil compreender quem está obrigado a reparar: o causador de dano a outrem por ato ilícito, proveniente de ação ou omissão culposa voluntária, imprudente (atitude precipitada, sem cautela), negligente (falta de cuidado, desleixo) e imperita (desconhecimento técnico, inexperiência). Imprudência, negligência e imperícia são modalidades da culpa. É bom ter em mente que a indenização mede-se pela extensão do dano, como diz a lei civil.

Quando a atitude culposa, comissiva ou omissiva, causar a morte, comporá o ressarcimento as despesas com o tratamento que a pessoa teve antes de morrer, custos do funeral, abalo moral causado à família pelo luto e prestação de alimentos aos dependentes do morto (cônjuge, companheiro, descendentes e ascendentes se incapazes) levando em conta a provável duração da vida do falecido.

No caso de lesão incapacitante, a vítima pode pedir o reembolso das despesas necessárias com o tratamento, os ganhos que deixou de ter e outros prejuízos sofridos. Diminuída ou parcialmente comprometida a atividade laborativa, a indenização deverá cobrir além daquelas despesas, lucros cessantes até o final da convalescença e uma pensão mensal correspondente à capacidade perdida para o trabalho. Se completa e permanente, a pensão equivalerá à remuneração que a pessoa perceberia caso continuasse trabalhando.

Indenização civil e benefícios previdenciários são verbas de natureza distinta. Uma é consequência do ilícito praticado; a outra tem caráter previdenciário, puramente social. Quer dizer: o recebimento desta não prejudica nem limita o recebimento daquela.

As ciências não carregam em si a presunção da verdade absoluta. Às vezes, manifestam-se no organismo reações nocivas imprevisíveis, sem que as causas possam ser explicadas ou que escapam ao domínio médico e da ciência como, por exemplo, parada cardiorrespiratória, hemorragia imprevisível ou outras anormalidades em que inexiste culpa. São situações cujos malefícios não podem ser imputados ao profissional, isentando-o de indenizar. É que ninguém pode responder pelos males para os quais não contribuiu.

Eventos que vão além das forças humanas, impossíveis de serem evitados, impeditivos do cumprimento correto da obrigação, afastam a responsabilidade. Isso ocorre diante do caso fortuito e da força maior. São fatores alheios à vontade, sem nenhuma correlação com a negligência, imprudência e imperícia.

Uma inconsequente imputação de erro ou ações judiciais infundadas podem prejudicar o profissional e destruir a sua carreira. Acusações desmotivadas e demandas temerárias levam o acusador a responder pelos danos que causar à imagem do profissional.

Importante o paciente saber que não há dever de reparação quando desobedece ao aconselhamento e às orientações médicas. Quem desatende prescrições do médico ou abandona tratamento, perde o direito de ser indenizado e não pode alegar prestação defeituosa do serviço. É do Conselho Federal de Medicina a seguinte manifestação: "(...) Não comete infração ética o médico que atende o paciente dentro da técnica e da ética, não sendo responsável pelo abandono da paciente ao tratamento proposto." (CFM – Proc. n. 3622/1998).

De outro lado, se a vítima contribui para o resultado danoso, a indenização será fixada de acordo com a gravidade da própria culpa, confrontada com a do causador do dano. Chama-se a isso culpa concorrente.

A indenização é devida somente àquele que sentiu, imediata e pessoalmente, as consequências do ilícito. Contudo, como se viu anteriormente (teoria do dano reflexo ou em ricochete), os efeitos do ato podem ir além e outras pessoas, indiretamente prejudicadas, também têm a possibilidade de reclamar a composição dos seus prejuízos.

O STJ ampliou o direito de ressarcimento por danos morais aos pais e irmãos e reconhece que o erro médico grave deve ser reparado, não só a quem sofreu a lesão como, ainda, à cada membro da família, com valores independentes, uma vez que todos possuem uma relação de afeto com a vítima, o que leva a sofrimento individual.

Simples aborrecimentos, contrariedades e descontentamentos são irrelevantes para o direito e não geram ressarcimentos.

9

PROVA E A INVERSÃO DO DEVER DE PROVAR

Prova é todo recurso utilizado para convencer a verdade de um fato. Vista sob o prisma do Direito "é o conjunto dos meios empregados para demonstrar, legalmente, a existência de um ato jurídico." (Clóvis Bevilaqua. Teoria Geral do Direito Civil, 7ª. edição – Livraria Francisco Alves – Editora Paulo de Azevedo Ltda., p. 227).

O acontecimento que traz repercussão jurídica pode ser provado de várias formas: confissão; exibição de documentos, de coisas ou objetos; ata notarial (instrumento público por meio do qual é possível ser atestado ou documentado mediante ata lavrada por tabelião, a existência e o modo de existir de algum fato – CPC, art. 384); depoimento de testemunhas; presunções; perícias. A Constituição Federal veda a utilização de provas obtidas por meios ilícitos, de modo que somente as conseguidas licitamente podem ser utilizadas.

Os fatos afirmados devem ser provados por quem alega. Por conseguinte, nas demandas indenizatórias fundamentadas na responsabilidade civil do médico, o paciente ou quem o representar precisa provar o fato e a conduta de que foi vítima.

Acontece que em certas situações conseguir provas não é tão simples como parece, especialmente quando se enfrenta alguém mais favorecido pelos conhecimentos técnicos que possui.

Miguel Kfouri Neto acentua que: "Este é, sem dúvida, o ponto nodal do debate judiciário sobre a responsabilidade médica: quem deve provar o que? A situação é delicada, pois as duas partes não estão em pé de igualdade: o paciente nada sabe de medicina." (Culpa Médica e Ônus da Prova. São Paulo: Editora Revista dos Tribunais, 2002, p. 51).

Acompanhando o mesmo entendimento, Antonio Jeová Santos diz: "Na responsabilidade civil engendrada por algum ilícito cometido pelo profissional da Medicina, por exemplo, a prova que deveria recair sobre o usuário encontra-se em poder do médico, do hospital e de outros membros que compõem a equipe de Medicina. Estes é que tudo devem fazer para não sonegar a prova dos fatos que o autor alega, mas que é difícil, se não impossível, efetuar prova direta." (Dano moral indenizável. 4ª ed., São Paulo: Editora Revista dos Tribunais, 2003, p. 529).

No processo, quem oferecer melhores provas vence a demanda.

Bem por isso que para harmonizar os interesses das partes, obter o equilíbrio e a boa-fé processual, tribunais e legislador introduziram, como exceção à produção probatória, a figura da inversão do ônus da prova, a qual pode decorrer da própria lei (*ope legis*) ou por ato do juiz (*ope judicis*). Se determinada pelo julgador, não for feita prova em contrário os fatos alegados serão tidos como verdade (presunção *juris tantum*).

A inversão, contudo, não é obrigatória. O juiz tem o poder discricionário de decidir segundo seu livre convencimento, podendo determiná-la quando lhe parecerem verdadeiros os fatos jurídicos apresentados pelo prejudicado ou se este for hipossuficiente (CDC, art. 6º, VIII).

Hipossuficiência aqui, não se limita a situação de vulnerabilidade do menos favorecido por razão econômica, cultural ou social, mas também e sobretudo face à dificuldade de produzir e obter provas frente a alguém mais favorecido pelos conhecimentos específicos que possui.

A despeito da responsabilidade do médico ser de natureza subjetiva, ou seja, apurada mediante a verificação da culpa, a circunstância dele ter os conhecimentos necessários para identificar doenças e prescrever terapias coloca-o em melhor posição para demonstrar que a atividade profissional foi acertada. Isso leva a lógica jurídica admitir modificação da norma referente à produção probatória, permitindo-se ao prejudicado apenas denunciar o resultado danoso provocado pelo tratamento médico a que foi submetido.

Ênio Santarelli Zuliani observa que "O juiz é investido (art. 130 do CPC – art. 370 do atual CPC) do poder de discricionariedade legítima para definir um critério que aproxime a jurisdição do resultado efetivo (de qualidade), e por isso lhe incumbe encontrar, ainda que abandonando critérios formalísticos, a solução adequada para a função prática do direito, 'caso por caso, problema por problema'." (Inversão do ônus da prova na ação de responsabilidade civil fundada em erro médico – RT 811/61).

Não prejudica a decisão de inverter o dever de provar o Código Civil dispor que, no caso de lesões verificadas no exercício de atividade profissional, a indenização será devida quando demonstrada negligência, imprudência (CC, art. 951). É que a sujeição do profissional, no caso o médico, ao regime da responsabilidade subjetiva identificada na lei substantiva trata-se de direito material enquanto a inversão é ônus próprio do direito processual.

Em que momento a inversão pode ser determinada?

O juiz pode ordená-la no despacho em que defere a petição inicial ou em decisão de saneamento e de organização do processo (CPC, art. 357, III e 373, § 1°). Portanto, antes do encerramento da instrução processual para assegurar à parte a quem não incumbia o encargo, oportunidade para trazer suas provas.

Não deve ser admitida quando do proferimento da sentença porquanto, naquela fase do processo, o juiz decidirá a causa segundo sua convicção baseado no conjunto probatório constante dos autos e direito aplicável ao caso.

10

A CIRURGIA PLÁSTICA ESTÉTICA OBRIGAÇÃO DE RESULTADO

A cirurgia plástica pode ter finalidades diferentes: corretiva, reparadora, regeneradora ou reconstrutora (correção de defeitos congênitos, lesões deformantes adquiridas por causas diversas, recomposição da normalidade do corpo desfigurado) e embelezadora, estética ou cosmetológica (melhoria do aspecto físico em qualquer de suas variantes, aumento/redução de mamas, lipoaspiração, bioplastia, lipoenxertia – enxerto de gordura na face –, blefaroplastia – cirurgia das pálpebras –, carboxiterapia, lipoaspiração, lipoescultura – modelagem do abdômen –, lábios, nariz – rinoplastia.

O profissional que deseja se tornar cirurgião plástico percorre uma longa jornada de estudos: seis anos na Faculdade de Medicina; dois anos de Residência Médica em Cirurgia Geral e três de Residência Médica em Cirurgia Plástica. Somente depois é que poderá obter o registro de especialista no CRM. Para ser membro da Sociedade Brasileira de Cirurgia Plástica (SBCP), deverá, ainda, submeter-se à uma prova para conseguir o título de cirurgião plástico.

Para o CFM a cirurgia é especialidade única e indivisível, não havendo razão para distinguir o ato médico cirúrgico reparador do ato médico estético-embelezador. Por isso a entidade defende que ambas constituem obrigação de meios e não de resultados.

Todavia seus propósitos são distintos: na plástica reparadora há o compromisso médico de empregar os recursos possíveis para mitigar deformações sem garantir resultados ao passo que na estética embelezadora, o comprometimento é assegurar melhoria no aspecto geral ou em alguma parte do corpo. O cirurgião plástico, quando se dispõe a atender o desejo de alguém de ver-se visualmente melhorado, está, indubitavelmente, se obrigando a conseguir um efeito visual mais atraente e harmonioso, posto que ninguém se sujeita a uma cirurgia embelezadora, submete-se a riscos e despesas para ficar esteticamente como era. Daí a doutrina e os tribunais tratarem a primeira como obrigação de meios e a segunda, com poucas objeções, como obrigação de resultados.

Saliente-se, porém, que, como ocorre em qualquer cirurgia malsucedida, uma e outra não descartam a verificação da culpa, vez que o resultado indesejado pode ter decorrido de negligência, imprudência ou imperícia.

Dano estético significa alteração na aparência de uma pessoa, provocadora de angústias, constrangimentos e sofrimentos consequentemente, padecimento moral. Sujeita o causador à reparação para que a vítima seja, ao menos, compensada pela sua dor.

Nossos tribunais cada vez mais se posicionam no sentido de reconhecer a operação plástica embelezadora como obrigação de resultado e, quando o efeito é nocivo, condenam o cirurgião a indenizar, face à presunção de culpa. Significa dizer que mesmo utilizando técnica e procedimento apropriados, o profissional fica obrigado a ressarcir por não ter alcançado o que se aguardava. Para afastar a presunção e isentar-se da responsabilidade, será preciso demonstrar que o acontecido deu-se por causas naturais, imprevisíveis, que tornaram impraticável cumprir corretamente o compromisso.

A condenação à indenização vai desde o reembolso dos valores gastos pelo paciente, assunção das despesas com a realização de outra cirurgia, pagamento de danos morais e estéticos e até, em casos extremos, fixação de montante em dinheiro a título de dote para compensar o dano estético.

Nas cirurgias de natureza mista, quais sejam com objetivos estéticos e reparadores ao mesmo tempo, a responsabilidade pelo resultado deve ser avaliada separadamente em função das suas diferentes finalidades: na estética, a responsabilidade do médico será de resultado em relação à parte da intervenção em que busca o embelezamento e de meio, na relativa à restauração da normalidade do corpo.

Importante frisar que a especialidade médica, como é o caso do cirurgião, somente pode ser praticada após o registro da qualificação de especialista (RQR) no CRM do lugar em que irá ser exercida.

Os Conselhos de Medicina não exigem especialização para os médicos trabalharem em qualquer área. Podem exercer a profissão livremente, até porque são responsáveis por seus atos e práticas. O que não podem é anunciar especialidade sem ter o título correspondente, nem atuar em área na qual não têm qualificação.

Atualmente o Conselho Federal de Medicina (CFM), a Associação Médica Brasileira (AMB) e a Comissão Nacional de Residência Médica (CNRM) admitem 53 (cinquenta e três) especialidades médicas e reconhecem 54 (cinquenta e quatro) áreas de atuação. Com o grande avanço ocorrido na medicina, é impossível o profissional dominar todas as especialidades.

Embora os regulamentos não contenham disposições proibindo a prática de procedimentos estéticos a não especializados, o pretendente à cirurgia plástica precisa ser cuidadoso na escolha de quem irá realizá-la. Sabendo que o médico é conhecedor do ramo da medicina que necessita, obviamente o paciente sentir-se-á mais seguro do que com quem não possui especialidade. A listagem de médicos regularmente inscritos no CFM e Conselhos Regionais e suas especialidades encontram-se em www.cfm.org.br - Serviços de Busca.

Um médico ginecologista e obstetra foi condenado a 10 (dez) anos de reclusão pelo Tribunal de Justiça de São Paulo e teve suspenso o registro profissional pelo Conselho Regional de Medicina porque, em cirurgia de lipoaspiração de abdômen, causou a morte de paciente com 14 anos de idade levada pela mãe ao consultório em busca de tratamento para emagrecer. O médico procurava atrair clientes de forma chamativa, com intuito financeiro e desrespeito à vida humana, passando a realizar, após alguns cursos, cirurgias plásticas em seu consultório (TJSP – Ap. n. 990.10.270803-9 – 9ª Câm. de Direito Criminal – Rel. Des. Roberto Midolla – j: 31.3.2011, v.u.).

Caso comentado até os dias de hoje é o do profissional que, inábil para realizar cirurgias plásticas, apresentava-se como especialista em lipoaspiração. Provocou a morte de cinco mulheres e deformações físicas gravíssimas em outras tantas. Condenado civilmente a pagar substanciais indenizações por danos materiais e morais teve o registro médico cassado e, também, foi condenado a cumprir pena de 29 anos de reclusão.

É preciso que o médico sempre esclareça os bons ou maus efeitos da cirurgia e quando ela é desnecessária ou desaconselhada. Com isso firmará sua respeitabilidade e honestidade profissional e assim será visto pelo paciente, por seus colegas e pela sociedade.

O CEM enfatiza e inúmeras Resoluções do CFM e Pareceres dos Conselhos Regionais insistentemente reiteram: a Medicina não pode, em qualquer circunstância ou forma, ser exercida como comércio (Princípios Fundamentais, IX e art. 58 e Resolução 1.836/2008 do CFM).

Às vezes o procedimento pode deixar de atender as expectativas e o resultado não ser bem recebido, não obstante a excelência do ato médico. Para minimizar polêmicas e diminuir a responsabilidade, especialmente para o caso de surgimento de complicações ou de eventos adversos, é essencial o cirurgião obter do paciente ou familiares documento de consentimento, contendo a declaração de que foi detalhadamente informado do procedimento que irá ser realizado.

A pessoa deve estar preparada e conscientizada de que uma cirurgia plástica, como outra qualquer, tem seus riscos e pode ter implicações inevitáveis.

11

CIRURGIÃO, ANESTESIOLOGISTA E RESPONSABILIDADE CIVIL

Procedimentos médicos, dos mais simples aos da mais elevada complexidade, estão sujeitos a complicações imprevistas por maior que seja a experiência do profissional; por esta razão, cirurgias são indicadas apenas quando há a convicção de que terapias clínicas serão inúteis ou ineficazes.

Qualquer cirurgia que não seja considerada como "pequena cirurgia", para ser realizada precisa de um cirurgião titular e de pelo menos um assistente, presumido conhecedor da técnica e metodologia empregadas, para o caso de, por alguma circunstância ou necessidade de revezamento, ter de dar continuidade e/ou finalizar o procedimento.

A responsabilidade direta do ato cirúrgico incide sobre o titular, cabendo-lhe escolher ou aceitar o assistente. Dependendo do porte e natureza da cirurgia, ter ou não a participação de outros assistentes com qualificações especiais é decisão pessoal, que não admite interferências nem restrições suscetíveis de prejudicar a eficiência e a correção dos trabalhos.

O cirurgião titular realiza a cirurgia, direciona a equipe e as etapas daquele ato. Os demais coadjuvantes – médico ou médicos assistentes, anestesiologista, instrumentador, enfermeiro, técnico ou auxiliar de enfermagem, circulante de sala – compõem a equipe desempenhando atividades afins, dentro da esfera profissional que lhes compete. A enfermagem responde ao chefe da enfermagem do centro cirúrgico e o anestesista ao serviço de anestesia do hospital ou a ninguém se for apenas da equipe cirúrgica. Esse grupo de profissionais, habilitados e capacitados, trabalham juntos e harmonicamente em todos os momentos da cirurgia.

O número varia de acordo com a complexidade dos procedimentos: os menos invasivos não exigem equipes maiores como acontece nos de maior complexidade.

Considerando que o ato médico e o direcionamento dos trabalhos pertencem ao cirurgião titular, o primeiro impulso é responsabilizá-lo por acidentes e tudo mais que ocorrer no curso da intervenção, inclusive pela ação individual dos membros da equipe.

Acontece que, ele pode não ter provocado nem contribuído para o desfecho de um resultado indesejado. Com frequência, os componentes da equipe (enfermagem e anestesista) sequer foram escolhidos por ele, sendo profissionais da instituição onde ocorre a cirurgia.

Será preciso, então, distinguir se os danos verificados durante a cirurgia foram ocasionados por médicos e/ou não médicos selecionados pelo cirurgião titular ou cometidos por pessoal vinculado ao próprio hospital. No primeiro caso, responderá civilmente pelo acontecido; no segundo, a responsabilidade recairá sobre o hospital, a menos que a ordem tenha sido mal dada ou executada com a sua supervisão.

Outro personagem importante é o anestesiologista. Não há diferença entre as palavras anestesista e anestesiologista. Ambas se referem ao mesmo profissional, ou seja, o médico especializado em anestesia, habilitado a realizá-la. O ato anestésico incumbe a esse profissional, único qualificado a administrar a anestesia a ser empregada em cada caso e decidir, de modo soberano e intransferível, a conveniência ou não da realização do procedimento anestesiológico.

Uma vez que esse especialista é quem faz a avaliação antecedente à intervenção cirúrgica e verifica se o paciente está em condições de receber a anestesia, toma inteiramente para si a responsabilidade de anestesiá-lo e recuperá-lo. Assume, por conseguinte, obrigação de resultado e responde pelas consequências danosas.

Entretanto, há casos em que ocorrem acidentes anestésicos imprevisíveis dissociados da sua atuação, isentando-o de culpa.

A responsabilidade do anestesista começa antes da operação, a partir de quando faz a avaliação pré-anestésica (período pré-operatório). Neste momento, deve aplicar o Termo de Consentimento Anestésico Informado, esclarecendo o procedimento assim como os riscos inerentes ao mesmo.

Sua responsabilidade, continua durante o ato operatório e permanece até o instante em que o paciente, ainda no centro cirúrgico ou na sala de recuperação pós-anestésica, recupera a consciência e mantém estável as condições vitais, com ou sem auxílio de respirador artificial (período pós-anestésico imediato).

No caso de encaminhamento do enfermo à Unidade de Terapia Intensiva após a abordagem cirúrgica, deve acompanhá-lo no percurso entre o centro cirúrgico e a UTI. Enfim, como em qualquer estágio – pré-anestésico, anestésico e pós-anestésico – podem surgir repentinamente reações anestésicas, tem a obrigação de permanecer com o anestesiado enquanto este não acordar.

A despeito da responsabilidade do anestesista e dos demais integrantes da equipe serem distintas, o cirurgião titular poderá ser responsabilizado solidariamente pelo dano anestésico e pelos erros desta.

Acontece, por exemplo, quando o malefício for causado por seus escolhidos, pois imagina-se que conhecia a capacitação dos selecionados para a tarefa. Essa, aliás, é a crença do paciente, advinda da confiança depositada no médico ao qual entregará a vida e o corpo para a cirurgia.

Quando o dano decorrer da atuação de profissional contratado pelo hospital ou pertencente ao seu quadro de funcionários, a entidade responderá pela reparação civil, reparação essa advinda da presunção de culpa contida na regra de que o empregador responde por seus empregados e prepostos no exercício do trabalho que lhes competir ou em razão dele.

Qualquer procedimento médico, especialmente o cirúrgico, reclama acima de tudo cuidado e concentração.

A troca de lado (erros de lateralidade), membro ou órgão a ser operado, revelam erro grosseiro face a omissão de cuidados que pode ser evitada quando a prudência impera.

A certeza do lugar do corpo onde dar-se-á a intervenção médica é pressuposto elementar para afastar a certa incriminação solidária do cirurgião e da equipe no caso de engano.

Para evitar tais erros e até mesmo a confusão de pacientes, hospitais e profissionais cautelosos adotam rigorosos procedimentos com o intuito de deixar bastante claro quem é o doente, além da marcação do campo em que o procedimento será realizado, de modo a ficar bem visualizado e não permitir dúvida alguma à equipe cirúrgica.

Há instituições que utilizam os padrões de segurança recomendados pela OMS e fazem o reconhecimento do paciente e dos procedimentos mediante preenchimento de questionários, em momentos e pessoal diferentes: na unidade de internação, pela enfermagem; no transporte ao centro cirúrgico, por quem o transportará; na admissão do centro cirúrgico, novamente pela enfermagem.

Antes do início da intervenção, a equipe checa a identificação do paciente, o número do prontuário, o procedimento cirúrgico a ser realizado, a documentação médica necessária (Termo de Consentimento Cirúrgico devidamente aplicado e assinado, prontuário, exames de imagens, laboratoriais etc.), a adequação da montagem da sala operatória, os equipamentos e materiais a serem utilizados (*check-list*).

Por fim, para reforçar as medidas de segurança, algum membro da equipe faz pausa obrigatória e confirma, em voz alta, os dados do paciente, novamente o procedimento cirúrgico a ser realizado e confere, se for pertinente, a marcação da lateralidade (*time-out*).

A partir daí dá-se início à cirurgia. O intervalo entre o início da cirurgia e a sua conclusão é chamado intra-operatório. Finalizada, a equipe confere os equipamentos e verifica se não houve esquecimento de instrumental ou material no interior do operado. Por fim, ainda no centro cirúrgico, são relacionados todos os profissionais que participaram do procedimento, colhidos os dados e anotadas eventuais intercorrências (*check-out*).

Só depois de investigação cautelosa e exame das particularidades de cada caso o cirurgião titular, o anestesista, um ou alguns profissionais, ou a própria equipe poderão ser responsabilizados, solidariamente ou não, pelo evento danoso.

Embora realizado com todo cuidado e observância da melhor técnica, o procedimento pode deixar de atender expectativas e o resultado não ser o esperado. Para não ser acusado de negligência por falta de esclarecimentos pertinentes às peculiaridades da operação e complicações que eventualmente aparecerem, a prudência recomenda ao cirurgião obter do paciente e dos familiares, documento escrito declarando que foram bem informados e prevenidos de intercorrências, próprias da cirurgia (Termo de Consentimento Cirúrgico).

De qualquer modo, paciente e familiares sempre precisam lembrar que, no geral, a atividade médica é de meios e não de resultado.

12
INFRAÇÃO ÉTICA MÉDICA: PENALIDADES

O que quer dizer ética profissional?

Significa o conjunto de normas de conduta a serem seguidas no desempenho da profissão.

Quando ocorre uma infração à ética médica, poucos sabem o que fazer. A quem reclamar e denunciar o fato? Como o médico deve agir diante de uma acusação? Quase sempre uns e outros desconhecem os procedimentos e os trâmites processuais disciplinares.

Os Conselhos de Medicina são os responsáveis pela fiscalização do exercício profissional e órgãos instituidores das regras que precisam ser observadas. Além disso, estabelecem as diretrizes e penalidades destinadas a punição dos infratores.

Paciente atendido por falso médico ou quando há essa suspeita deve procurar, por si ou por seus familiares, a autoridade policial para delatar o fato. A incumbência da investigação está fora do âmbito da atuação dos Conselhos, uma vez que não se trata de pessoa autorizada a exercer a Medicina e sim de falsário. O exercício ilegal da profissão de médico é crime, punível com detenção de seis meses a dois anos.

Os deveres éticos estão no Código de Ética Médica (CEM) ao passo que a apuração da violação de seus preceitos e a aplicação das sanções, encontram-se no Código de Processo Ético-Profissional Médico (CPEP) e legislação esparsa (Lei n. 3.268/1957 e Decreto n. 44.045/1958)

O CPEP traz as disposições relativas às sindicâncias e aos processos ético-profissionais que devem ser observadas pelos denunciantes e/ou pessoas vítimas da transgressão ética e para a defesa do médico.

Sindicâncias e processos éticos são procedimentos distintos que correm sob rigoroso sigilo, conduzidos e julgados apenas por médicos integrantes dos Conselhos de Medicina. As decisões possuem natureza administrativa, por conseguinte não excluem as medidas judiciais, cíveis ou penais (Policastro, Décio. Código de Processo Ético-Profissional Médico e sua Aplicação, 2ª ed., Belo Horizonte: Editora Del Rey Ltda., 2014).

Sindicância por iniciativa própria, isto é, é meio investigativo sumário. Tem por objetivo verificar a procedência da denúncia do desvio ético para, se for o caso, permitir a instauração do processo, cujo final levará ou não à punição.

Embora se tratando de procedimento administrativo não contencioso, convém ao sindicado, ciente da sua existência, apresentar manifestação para evitar que prevaleça apenas a versão do denunciante. Nessa fase preliminar, não é necessária a assistência de advogado, no entanto aconselhável a sua assistência para a hipótese do processo ético vir a ser instaurado ou, então, desaguar no judiciário.

Os Conselhos podem determinar a abertura de sindicâncias por iniciativa própria isto é, *ex officio.* a partir de uma queixa, reclamação ou denúncia apresentada por quem foi vítima de erro do médico, familiar ou representante legal, entidade hospitalar, militante da saúde ou até mesmo por outro médico. Deve ser dirigida ao Presidente do Conselho Regional do local onde ocorreram os fatos.

A possibilidade de conciliação está prevista no CPEP. Possui força de decisão definitiva, não permite acertos pecuniários e só pode ser realizada antes do encerramento da sindicância.

Ajustamentos de conduta são admitidos quando se tratar de infração de pequena monta sem maiores repercussões. O Termo de Ajustamento de Conduta (TAC) não importa em reconhecimento da ilicitude do ato, nem prejudica a instauração do processo ético na hipótese de descumprimento do ajuste. Isso acontecendo, outro TAC será possível após o decurso de cinco anos.

Os estabelecimentos hospitalares e pessoas jurídicas com mais de 15 (quinze) médicos estão obrigados a ter Comissões de Ética Médica. Essas comissões estão vinculadas aos Conselhos de Medicina e podem abrir sindicâncias, competindo-lhes também supervisionar, orientar, fiscalizar o exercício da atividade médica; atentar para as condições de trabalho do médico, sua liberdade, iniciativa e qualidade do atendimento aos pacientes; comunicar aos Conselhos Regionais quaisquer indícios de infração à lei e dispositivos éticos, exercício ilegal da profissão, práticas desnecessárias e atos ilícitos, bem como orientar os usuários sobre questões pertinentes à ética.

Como não detêm poderes de decisão, iniciam a sindicância dando oportunidade aos envolvidos para apresentarem esclarecimentos e/ ou manifestações escritas. Feito isso encaminham-na ao Conselho, o qual fica com a incumbência de instaurar ou não o processo disciplinar e julgá-lo quando necessário.

Uma vez iniciado, o processo será extinto unicamente por falecimento do denunciado. Fora isso o arquivamento não é admitido, ainda que a pedido ou pela desistência do denunciante.

As penas disciplinares podem ser privadas (advertência e censura), aplicadas mediante aviso reservado em caráter confidencial, ou públicas (censura e suspensão do exercício profissional), divulgadas no Diário Oficial do Estado, jornais de grande circulação e boletins editados pelo Conselho do lugar onde o médico exercer as funções.

A advertência é imposta nas irregularidades leves e desvios de menor potencial; a censura, quando a falta for um pouco mais grave ou se o infrator for reincidente nesse tipo de infração. Em ambas, o desrespeito ético não deve ter produzido malefícios.

Já a censura pública, é penalidade decorrente de violação mais grave seguida de resultado lesivo e a suspensão do exercício profissional em até 30 (trinta) dias, reservada aos que cometem infrações graves em grau ainda mais elevado.

Há, também, a pena máxima de cassação do exercício profissional para o caso de falta de tamanha gravidade que proíbe o profissional de exercer a Medicina em todo o país. Se continuar atuando, poderá responder criminalmente pelo delito de prática ilegal da profissão.

Afora as medidas disciplinares propriamente ditas, os Conselhos têm o poder de suspender cautelarmente o exercício da profissão quando surgirem situações incomuns, passíveis de criar danos irreversíveis ao paciente ou à sociedade.

Adota-se a pena de interdição da atividade médica sempre que a ação ou omissão do profissional estiver prejudicando ou puder causar danos à população e ao se constatar ter adquirido doença capaz de pôr em risco o paciente ou o meio social em que trabalha. Em qualquer dessas situações, os processos tramitam debaixo de absoluto sigilo. A Resolução CFM 1.990/2012, regulamenta o procedimento administrativo para a apuração da existência de doença incapacitante, parcial ou total, para o exercício da Medicina.

Para a interdição ser determinada é necessário: (i) prova inequívoca do procedimento prejudicial e (ii) verossimilhança da acusação com os constatados; em outras palavras: as alegações ou os fatos denunciados devem parecer verdadeiros desde logo. Esses requisitos precisam estar associados a um justo receio de dano iminente irreparável, de difícil ou improvável reparação na hipótese do médico permanecer em atividade.

Como a interdição é medida excepcional, o processo ético-profissional deve ser obrigatoriamente instalado. Pode ser aplicada em qualquer momento do processo e revogada a qualquer tempo. Uma vez decretada, a carteira de registro profissional do interditado será retida, ficando ele impedido de exercer a Medicina até a decisão final do Conselho.

O Tribunal Superior de Ética do Conselho Federal de Medicina é a última instância competente para julgar os recursos interpostos contra as decisões dos Conselhos Regionais. Seus julgados possuem autoridade de coisa julgada material, isto é, a decisão torna-se imutável e indiscutível no âmbito administrativo. Contudo, inconformadas com o resultado do julgamento, as partes poderão submeter a questão à apreciação da justiça comum.

13
DELITOS MÉDICOS E RESPONSABILIZAÇÃO PENAL

Antes de tratar do tema principal, convém rever alguns conceitos.

Ilícito jurídico é todo fato que ofende ou põe em risco bens juridicamente protegidos, sejam eles materiais, imateriais, corpóreos, incorpóreos, economicamente apreciáveis ou não como a vida, o nome, a imagem, a honra. Ao Direito Penal interessam as condutas penalmente puníveis e, ao Direito Civil, os atos causadores de danos passíveis de reparação.

Crime ou delito é o fato, ação, comportamento, que se ajusta a uma das definições da lei penal. É o que se chama conduta ou figura típica penal. Em outras palavras: para constituir crime é necessário que o comportamento se enquadre ao enunciado na norma legal. Resulta daí que não há crime sem lei anterior que o defina, nem pena sem prévia cominação legal (CF, art. 5º, XXXIX).

A pessoa cujo proceder se encaixar no tipo de conduta descrito na lei, é chamada de sujeito ativo do crime, agente, criminoso, delinquente; abrange não só o praticante do ato delituoso, como também os participantes, associados, coautores e todos os que, de alguma forma, colaborarem no cometimento do delito. Quem teve um bem legalmente protegido lesado ou ameaçado pelo comportamento de outrem, é designado sujeito passivo, vítima, ofendido, prejudicado.

A imputabilidade penal pressupõe ação ou omissão do agente. Na primeira hipótese, há um movimento, uma ação, um agir. Na segunda, há inércia, falta atividade ou ação; deixa-se de fazer o que precisava ser feito. A omissão é penalmente relevante quando o omitente devia e podia agir para evitar o evento e a consequência danosa.

Dolo é a intenção de praticar um ato criminoso ciente do que está fazendo. Age dolosamente o agente que, consciente e voluntariamente, tem a intenção inequívoca de lesar ou que assume o risco de produzir um resultado prejudicial e ilícito (dolo eventual). Culposamente, o que produz a lesão por uma das modalidades da culpa: imprudência (agir precipitadamente sem as precauções exigidas ou recomendadas); negligência (descuido, desleixo, omissão de cuidados, inércia, falta de ação, passividade); imperícia (desconhecimento técnico indispensável ou insuficiente à profissão, despreparo, inexperiência, incompetência).

O caso fortuito ou de força maior ou da natureza – imprevisibilidade no caso fortuito e inevitabilidade na força maior – são irresponsabilizáveis: excluem a culpabilidade por não terem correlação com a intenção criminosa e menos ainda com a negligência, imprudência e imperícia. A condição mínima da culpabilidade é a previsibilidade ou a evitabilidade do resultado antijurídico.

Falando de erro médico, a responsabilização reclama a existência da relação de causa e efeito entre o ato praticado, ou deixado de praticar, e o resultado lesivo provocado pelo ilícito, somente imputável a quem lhe deu causa pela ação ou omissão sem a qual o resultado não teria ocorrido. Observação oportuna: o erro médico profissional, isto é, aquele decorrente da incerteza ou imperfeição da ciência médica, isenta a responsabilização.

Na prática da profissão, os delitos médicos mais corriqueiros ocorrem de maneira culposa contra a vida, a integridade corporal e a saúde. Raramente são praticados intencional ou dolosamente. Em geral, conforme o caso, as penas variam de 1 (um) mês a 3 (três) anos de detenção, aumentadas de 1/3 (um terço) se acarretar homicídio culposo por inobservância de regra técnica da profissão.

Provocar aborto, com ou sem o consentimento da gestante, é crime punível com 1 (um) ano de detenção até 10 (dez) anos de reclusão (veja em Apensos, para reflexão, o Diário de uma criança que não chegou a nascer).

Entretanto há situações em que a prática é considerada legal (aborto legal): se não houver outro meio de salvar a vida da gestante (aborto necessário ou terapêutico); se a gravidez resultar de estupro e for precedido de consentimento da gestante ou, quando incapaz, de seu representante legal (aborto sentimental, humanitário ou ético); se há garantia da ciência de que o feto, suspeito de ser portador de defeitos físicos ou anomalias tais, não terá chance de vida fora do útero e há risco de vida para a mãe (aborto eugênico ou eugenésico).

Em razão do STF ter decidido que a interrupção de gestação de feto anencéfalo não configura prática penalmente punível, o procedimento também se enquadra nesta última hipótese de aborto legal (STF – ADPF 54/2004 – Rel. Min. Marco Aurélio, v.m; a Resolução CFM n.1989/2012 dispõe sobre o diagnóstico de anencefalia para a antecipação terapêutica do parto e dá outras providências). De modo que a mulher, ao interromper a gravidez do feto comprovadamente impossibilitado de sobreviver e o médico ao realizar o procedimento, não cometem crime nem configura infração ética.

A lei garante ao paciente a liberdade de decidir a execução de práticas diagnósticas ou terapêuticas. Assim, também é considerado crime o ato médico sem o consentir do doente ou do representante legal, a não ser no caso de iminente perigo de vida, em que se permite a intervenção médica ou cirúrgica mesmo sem o consentimento.

Além dos delitos mencionados, outros podem suceder: omissão de socorro; maus-tratos; recusa de atendimento em razão de enfermidade, religião, raça ou por outras condutas discriminatórias; violação de segredo; falta de denúncia de doença de notificação compulsória; declaração falsa em documento médico, falso atestado, perícia inverídica.

O médico atingido por punição de cassação com cancelamento da inscrição ou que, em procedimento disciplinar ou administrativo, sofrer interdição pelo CFM para praticar a medicina, continua exercendo a profissão, pratica o delito de exercício de atividade com infração de decisão administrativa (CP, art. 205 – pena: detenção, de três meses a dois anos, ou multa). Essa conduta típica específica é diferente da que se refere ao exercício ilegal da medicina, praticada por quem, embora diplomado, não possui o título registrado nos Conselhos de Medicina (CP, art. 282 – pena: detenção, de seis meses a dois anos). Basta a prática de um único ato para caracterizar o ilícito.

Revelar segredo de que tenha conhecimento em razão da profissão, cuja divulgação possa produzir dano a outrem, é conduta punível, penal e administrativamente. Esse poder-dever de calar-se e abster-se de se manifestar sobre fatos e dados colhidos do enfermo a respeito da saúde e forma de vida, está implícito no trabalho do médico e visa proteger a privacidade da pessoa.

O médico particular credenciado pelo SUS iguala-se a servidor público, por tal motivo a lei considera crime de concussão exigir direta ou indiretamente pagamento, proveito ou vantagem para prestar atendimento às pessoas acobertadas pelo referido sistema.

Esta decisão serve como alerta: "Comete o crime previsto no art. 316 do CP o médico de hospital credenciado pelo SUS que exige dinheiro de segurado a quem prestou atendimento, a título de honorários" (TJRS – Ap. Crime n. 70042098863 – 4ª Câm. Criminal – Rel. Constantino Lisboa de Azevedo, j: 01.9.2011).

Falando em SUS, vale lembrar que cabe à justiça estadual e não à federal a competência para processar e julgar eventuais ilícitos penais praticados por médicos conveniados do Sistema Único de Saúde (SUS).

14
DIREITO DE SABER A VERDADE

Ninguém pensa na doença enquanto está com saúde. Duvidar de tratamentos, indignar-se pela incerteza da cura, não querer morrer, inconformar-se com a moléstia ou com a sua gravidade, são reações humanas.

Os médicos sempre têm diante de si alguém cheio de medos e preocupações, mas esperançoso de receber toda a dedicação e o melhor possível em seu benefício. O bom profissional não esconde a realidade, não deixa de dar informações mesmo desagradáveis, não exagera o quadro do paciente para mais ou para menos, não faz promessas falsas. São atitudes inaceitáveis e antiéticas.

Por mais intimidante que seja, a pessoa tem o direito e a necessidade de saber tudo quanto se passa no seu corpo e com a saúde, ouvindo explicações corretas e claras acerca de doenças, diagnósticos e prognósticos. O linguajar médico pode ser um obstáculo para o entendimento, por isso o cuidado para que saiba o significado de cada palavra e porque está sendo usada.

O médico, por sua vez, tem o inafastável dever de levar ao enfermo, aos familiares ou ao representante legal, as peculiaridades da moléstia, a provável evolução, a probabilidade de cura, os recursos terapêuticos adequados, os cuidados a seguir, as complicações e os efeitos colaterais que poderão surgir.

Deve usar de franqueza, conversar sem evasivas, falar que muitas vezes os melhores tratamentos podem ser inúteis e, mais além, ter a hombridade de dizer que não sabe o que o paciente tem ou, então, conservar a boca fechada.

Com tais atitudes revelará idoneidade e assegurará credibilidade. Informações falhas, incorretas ou mal dadas constituem por si sós, negligência e imprudência.

Deixar de dizer o diagnóstico, o prognóstico, os riscos e os objetivos do tratamento, somente pode ser aceitável quando puder causar algum dano ao enfermo, caso em que o informe será feito ao familiar ou ao representante legal. O necessário é que a verdade sempre seja dita.

O paciente precisa se prevenir e prevenir a família para o que virá e preparar-se para os sofrimentos e perdas financeiras que terá de enfrentar.

O médico que se omite e deixa de advertir ou alertar sobre os efeitos da moléstia e do possível desenlace, transgride normas éticas e provoca sua responsabilização.

Igual encargo têm os hospitais quanto as ações nocivas que os produtos e serviços fornecidos possam apresentar ao enfermo, bem como responsabilidade pela violação do dever quando for cometida por profissional médico integrante de seu quadro clínico.

É, portanto, fundamental que o doente e quando incapaz de discernir, familiar ou acompanhante, receba de maneira transparente, compatível com o nível sócio cultural, as informações apropriadas ainda que sejam desconfortantes, como no caso de morte inevitável e iminente.

Será necessário dizer? Como?

O padre camiliano Léo Pessini, Professor Doutor em Bioética, faz as seguintes reflexões: "O que dizer ao doente, quando estamos frente a um diagnóstico e/ou prognóstico difícil? Esta é uma das questões éticas mais delicadas e difíceis que os profissionais da saúde e familiares enfrentam hoje. Num passado não muito distante, a mentalidade cultural defendia a crença de que quanto menos o paciente soubesse a respeito de seu estado de saúde, melhores seriam as chances de recuperação. Em muitas situações, mesmo frente à morte inevitável e iminente, os médicos não comunicariam nada a respeito, temendo que tal comunicação e conhecimento pudesse levar a pessoa à depressão e desespero. Com o crescente despertar dos direitos dos pacientes, entre os quais o direito de saber a verdade, que realça o seu protagonismo e autonomia, existe hoje uma tendência crescente para que se adote uma postura aberta, honesta e verdadeira, ao se revelar as condições de saúde do paciente. A comunicação de uma verdade em que está em jogo a própria vida, exige delicadeza e respeito pela condição do paciente." (*in* 'O Direito de Saber', Revista Essencial. São Paulo: YPÊ Editora e Publicidade Ltda., ano 4, n. 21, p. 24).

O Código de Ética Médica dispõe que o portador de moléstia crônica ou incurável não pode ser abandonado, mas deve continuar recebendo assistência com todos os cuidados paliativos disponíveis ao controle da dor e dos sintomas da doença.

Assistido pelo médico nos momentos que precedem a hora final e sentindo-se amparado pelos familiares, receberá a morte com maior compreensão e serenidade.

15
SEGUNDA OPINIÃO MÉDICA

Quando vamos consultar um médico passamos por emoções que fazem parte da natureza humana: medo e ansiedade do que vamos ouvir a respeito da nossa saúde, preocupações sobre o diagnóstico e a forma de como o tratamento recomendado repercutirá na vida pessoal, família, trabalho, finanças e atividades diárias.

Há situações em que nos consumimos interiormente pela incerteza e insegurança da decisão que precisamos tomar. Então pensamos: devemos ou não aceitar o que o médico disse?

Não temos necessidade de concordar desde logo em tudo o que acabamos de ouvir, principalmente quando as informações não forem animadoras, o diagnóstico envolver doença com pouca chance de cura, terapias complexas, riscos ou benefícios promissores de duvidoso e quase nenhum significado. Nesses momentos devemos refletir com calma e agir sem precipitações: uma segunda opinião ou consulta adicional com outro médico ajudará a ver o que nos convém e o melhor caminho a seguir

O paciente tem de sentir-se livre para expressar seu desejo, não devendo hesitar em pedir uma segunda opinião com receio de ofender o médico. É um direito que utilizará quando bem lhe convier. Sua vontade sempre deve ser respeitada. Afinal, o que está em jogo é a sua própria saúde.

Pode ocorrer por motivos variados: confirmação de diagnóstico, persistência dos sintomas da doença, desconfiança dos meios empregados para tratar a enfermidade, perda de confiança no médico, etc. Feita de modo consensual, a segunda opinião representa mais transparência na relação entre o médico e o paciente, embora alguns não se sintam à vontade para dizer ao médico o real motivo.

Se o enfermo ou os familiares acharem pertinente buscar a avaliação de especialistas sobre o caso, falar com o médico será boa solução. Em certos casos ele mesmo recomendará a avaliação de colegas especializados.

Considerando que a meta de toda a atenção do médico é a saúde do ser humano, em benefício do qual deverá conduzir-se com o máximo de zelo e com o melhor de sua capacidade profissional, é comum, como em qualquer outra profissão, os médicos trocarem ideias com colegas sobre casos clínicos visando o encontro da conduta terapêutica mais adequada.

O médico pode ter dúvidas sobre o melhor tratamento e às vezes ele próprio se dispõe a contatar outro colega, especialista ou não, para debaterem juntos qual a melhor condução para o caso. A segunda opinião médica dá inclusive mais segurança na condução do tratamento para todos os envolvidos.

Uma das causas que pode arruinar o equilíbrio na relação médico-paciente é a falta de confiança. Por isso, de notar e relevante que, descrente ou inseguro quanto ao atendimento que está sendo prestado, o paciente deve mudar de médico. Neste caso o profissional está obrigado a transmitir ao outro colega, as informações que forem solicitadas sobre o doente e o resultado dos exames procedidos.

Vale lembrar que é o paciente que escolhe seu médico e não este que escolhe aquele. Portanto, se for da sua vontade, dos familiares ou do representante legal, a ética recomenda ao profissional colaborar com o desejo de ouvir a opinião de outro profissional.

A maioria dos médicos incentiva recorrer a segundas opiniões e até mesmo a terceiras, especialmente quando se trata de procedimentos de alto risco e/ou complexidade que poderão modificar a rotina e o estilo de vida do doente. A prática é relativamente comum e deve ser encarada como salutar.

Ao ouvir uma segunda opinião, adquire-se mais segurança no profissional, o que beneficia positivamente o comportamento do paciente. Se após ouvir duas opiniões ou se forem contraditórias e a dúvida permanecer, o ideal é buscar uma terceira opinião. No entanto, há de se ver que o exagero pode ser prejudicial.

Os tempos estão mudados. A todo momento um avanço da tecnologia e da medicina são anunciados. Hoje em dia é possível o médico interligar-se com colegas de outros estados e de qualquer parte do mundo.

A telemedicina é "o uso da informação médica, trocada em sites ou outros meios eletrônicos de comunicação, para saúde e educação do paciente e de hospitais com o propósito de melhorar o cuidado com os doentes" (American Telemedicine Association – ATA). É um recurso que possibilita, entre outras coisas, contato direto entre os médicos para dialogarem à distância o melhor diagnóstico e tratamento para o paciente, por intermédio de videoconferências. Trata-se de uma ferramenta complementar para as práticas médicas.

Algumas instituições hospitalares já possuem centros destinados à avaliação de exames e emissão de segundas opiniões à distância por diferentes profissionais, sem a presença do doente.

16

TRATAMENTO PALIATIVO. TRATAMENTO DESNECESSÁRIO E EXCESSO TERAPÊUTICO

Tratamentos paliativos são cuidados dispensados ao paciente portador de doença incurável ou que estiver em fase terminal, quando os recursos da terapêutica curativa deixarem de ter sentido (doente paliativo). Têm por finalidade prevenir e aliviar padecimentos de natureza física, psicossocial ou espiritual, mediante medicação e procedimentos adequados para que possa viver o mais confortavelmente possível.

A Organização Mundial de Saúde (OMS) assim define esses tratamentos: "consistem na assistência promovida por uma equipe multidisciplinar, que objetiva a melhoria da qualidade de vida do paciente e seus familiares, diante de uma doença que ameace a vida, por meio da prevenção e alívio do sofrimento, da identificação precoce, avaliação impecável e tratamento de dor e demais sintomas físicos, sociais, psicológicos e espirituais".

Percebe-se facilmente que as necessidades do doente com enfermidade insanável e do terminal são diferentes daquele em que há possibilidade de cura ou de aumento da sobrevida com algum benefício. Proporcionar melhor qualidade ao resto dos seus dias e prepará-lo para a morte sem, entretanto, antecipar o momento final é o principal objetivo da terapia paliativa. Portanto, as atividades concentram-se na qualidade da vida e não na sua duração.

Busca-se, sem descuidar da assistência física dos médicos e enfermeiros, mitigar a dor, a autocomiseração, o medo da aproximação do final da existência, o desespero, com a ajuda de psicólogos, assistentes sociais e espirituais, fisioterapeutas, nutricionistas e outros, incluindo o apoio afetivo das pessoas da família, parte importante no abrandamento dos anseios do paciente especialmente quando permanece em casa, para que possam suportar os sofrimentos e receberem a chegada da morte com compreensão e serenidade (cuidados de conforto).

Uma família nunca está preparada para a morte, mesmo que o falecimento já seja esperado pela idade ou por doença. Embora nada agradável, nada custará ao profissional conversar com as pessoas da família naquele momento crucial e dizer que, infelizmente, esgotaram os recursos da ciência para salvar aquela vida.

Pesquisa realizada em 2010 por uma entidade americana em 40 países (Economist Intelligence Unit – EIV), colocou o Brasil em 38º lugar numa classificação de qualidade de morte ruim, por não haver cuidados paliativos suficientes para os doentes. Acredita-se haver em todo o país em torno de dez instituições. O hospital privado Recanto São Camilo, em São Paulo, possui dez leitos subsidiados pelo SUS.

O médico não é senhor da existência de ninguém, não pode abandonar o portador de moléstia crônica nem abreviar vidas ainda que a pedido do paciente ou dos familiares, mas há de compreender os limites dos conhecimentos e reconhecer a impossibilidade de controlar o incontrolável quando a possibilidade de cura deixa de existir.

Face à essa indiscutível realidade, o CEM aceita a ortotanásia (de *orto*, certa e *thanatos*, morte) isto é, a interrupção dos esforços terapêuticos e/ou afastamento dos meios artificiais de prolongamento da vida. Exige decisão médica e a indispensável autorização do paciente se consciente ou, então, da de quem responder por ele.

A Resolução CFM n. 1.805/2006 permite esse comportamento sem trair a ética. De tal forma, o médico pode limitar ou suspender procedimentos sem, contudo, descontinuar os cuidados necessários, a assistência integral, o conforto físico, psíquico, social e espiritual, mantendo o direito do paciente de permanecer ou não internado se assim estiver e desejar.

O avanço da Medicina trouxe a possibilidade de prolongamento da vida também aos neonatos, recém-nascidos, crianças e adolescentes portadores de doenças crônicas, revelando-se maior a tendência para tratamentos inúteis à sobrevivência. Contudo, isso muitas vezes pode se transformar em longos períodos de tormento não raro com repetidas internações hospitalares que nada adiantarão.

A responsabilidade sobre a assistência médica adequada recai sobre o pediatra, o qual, antes de tudo, tem o dever ético de preservar tanto quanto possível a qualidade de vida do ser humano sob sua assistência. É quando então, médicos e familiares precisam saber superar os sentimentos dolorosos e pensar no bem que estarão fazendo ao enfermo limitando ou suspendendo procedimentos e tratamentos.

Tratamentos fúteis, desnecessários, extraordinários, desproporcionais, a obstinação terapêutica, intervenções que só prolongam a agonia e precariamente a existência do sem chance de cura ou de melhora da saúde, a manutenção forçada da vida quando o organismo não tem mais condições de reagir são práticas antiéticas e condenáveis contrárias à natureza, distantes do verdadeiro sentido do tratamento paliativo calcado no conceito da moral e sentimento de solidariedade humana.

Léo Pessini, expressiva autoridade do nosso país em Bioética, ressalta firmemente os aspectos humanísticos, científicos e econômicos que envolvem o assunto: "Hoje em dia, com a medicalização da morte, o cenário muda para o leito do hospital, 'sem direito de morrer com vela na mão', como se queixava uma mulher em fase avançada de câncer que tive oportunidade de acompanhar. A benignidade humanitária e solidária, que é uma das grandes vertentes da ética médica brasileira, procura humanizar esta situação principalmente com a sedação, para que, por exemplo, os piores excessos da UTI passem despercebidos pelo doente. Esta benignidade humanitária e solidária, porém, se sente ameaçada em duas frentes, para paradigma tecnocientífico da medicina, em que o saber científico e a medicina curativa tendem a predominar, e pelo paradigma comercial-empresarial, em que predominam o lucro e a saúde como mercadoria. O paradigma tecnocientífico da medicina procura prolongar a vida humana custe o que custar, e o paradigma comercial-empresarial procura prolongar a vida humana enquanto se pode arcar com o custo!" (PESSINI, Leocir; BARCHIFONTAINE, Christian de Paul de. Eutanásia: por que abreviar a vida? *in* Problemas atuais de Bioética. 8ª ed. rev. e ampl. São Paulo: Centro Universitário São Camilo: Edições Loyola, 2008, p 532)

Essa feição realista dos fatos inevitáveis na vida do ser humano, nada tem a ver com a eutanásia nem com o suicídio medicamente assistido e é admitida no seio da Igreja Católica: "(...) Distinta da eutanásia é a decisão de renunciar ao chamado «excesso terapêutico», ou seja, a certas intervenções médicas já inadequadas à situação real do doente, porque não proporcionadas aos resultados que se poderiam esperar ou ainda porque demasiado gravosas para ele e para a sua família. Nestas situações, quando a morte se anuncia iminente e inevitável, pode-se em consciência «renunciar a tratamentos que dariam somente um prolongamento precário e penoso da vida, sem, contudo, interromper os cuidados normais devidos ao doente em casos semelhantes». Há, sem dúvida, a obrigação moral de se tratar e procurar curar-se, mas essa obrigação há de medir-se segundo as situações concretas, isto é, impõe-se avaliar se os meios terapêuticos à disposição são objetivamente proporcionados às perspectivas de melhoramento. A renúncia a meios extraordinários ou desproporcionados não equivale ao suicídio ou à eutanásia; exprime, antes, a aceitação da condição humana defronte à morte." (João Paulo II, O Valor e a Inviolabilidade da Vida Humana. Encíclica *Evangelium Vitae*, 25.3.1995, http://www.vatican.va).

Os parentes têm o direito de recusar o abuso, o excesso terapêutico e tratamentos vãos. Porém, a prudência aconselha ao profissional registrar a decisão no prontuário e documentar a concordância e/ou a exigência dos familiares na cessação do tratamento, munindo-se de declaração escrita, assinada diante de testemunhas presenciais, para resguardar o médico ou o hospital de eventual acusação de omissão em razão da conduta adotada.

Se o desejo for de prolongar a vida tanto quanto possível com a utilização dos recursos da Medicina artificialmente disponíveis, predominarão o livre arbítrio e o respeito ao direito de escolha do doente ou das pessoas qualificadas para falar em seu nome.

Quem pensa na morte enquanto tem saúde?

Nenhum de nós tem poder sobre o fim da própria existência. Frente a isso, mesmo não estando doente, a pessoa cautelosa e civilmente capaz pode deixar instruções sobre tratamentos e não tratamentos que quer, caso acometida de enfermidade sem expectativa curativa que a faça inconsciente ou incapaz de expressar a vontade. Ao médico caberá acatá-las.

O CFM, na Resolução n. 1995/2012, dispõe sobre as Diretivas Antecipadas de Vontade, também chamadas de Testamento Vital, as quais são recomendadas e comentadas em capítulo próprio.

17

PACIENTES HOSPITALIZADOS

Além do leito e alimentação próprios da diária hospitalar, o paciente deve receber, juntamente com os cuidados médicos, todos os serviços que contribuírem para o restabelecimento da sua saúde – cuidados de enfermagem, radiologia, fisioterapia, serviços laboratoriais, nutrição, dentre outros – e tudo mais que precisar para o seu bem-estar durante o tempo de internação hospitalar.

Entenda-se, daqui em diante, por hospital qualquer estabelecimento ou instituição destinados a tratamentos de saúde e reabilitação de doentes: hospitais gerais, hospitais-dia, prontos-socorros, atendimentos de urgência, ambulatórios, clínicas, etc.

Comete crime, punível com detenção de três meses a um ano e multa, exigir depósito prévio, cheque-caução, cheque pré-datado, nota promissória, título de crédito ou qualquer garantia para atender alguém necessitado em situação de urgência e emergência.

A proibição estende-se aos prestadores de serviços contratados, credenciados, cooperados ou referenciados das operadoras de planos de assistência e seguradoras em saúde. Para caracterizar o ilícito, a simples exigência de garantia satisfaz, ainda que não se materialize.

A partir da internação, o hospital passa a responder pela preservação da incolumidade do enfermo, inclusive tratamento de moléstias que porventura se manifestarem.

Contudo, se algum dano for causado por ato de terceiro estranho, a instituição estará isenta de responsabilidade.

De que o hospital assume o dever de guarda durante o período da hospitalização não há dúvida, posto que o Código de Defesa do Consumidor, além de conferir a quem utiliza serviços, o direito básico de ver reparados os danos que sofrer, imputa ao prestador a obrigação de ressarcir os efeitos provocados pela deficiência ou defeito da atividade, independentemente da existência de culpa. Só desobriga o defeito ou a falha, nascidos da culpa do usuário ou de outra pessoa.

É que, se considera de natureza legal ou objetiva, a responsabilidade pelos serviços fornecidos no âmbito hospitalar: a lei pressupõe a existência e impõe o dever de ressarcir.

Baseia-se no risco da atividade, situação diferente da atuação pessoal do médico, de natureza subjetiva dependente da averiguação da culpa. Assim, bastará existir nexo causal entre o dano e o fato causador. Quer dizer: estando constatada a imperfeição do serviço, a instituição, sempre e em qualquer hipótese, precisará indenizar.

A responsabilização não alcança unicamente a ação médica propriamente dita, mas também os serviços paramédicos e extramédicos. Intuitivo, por conseguinte, o papel fundamental dos profissionais da equipe de enfermagem na prevenção e redução de danos ao paciente.

Pode suceder que o mal foi causado estritamente pela atuação do médico integrante do corpo clínico, pela falha nos serviços da instituição ou, ainda, pela atividade conjunta dos dois, circunstância em que ambos responderão solidariamente pela reparação.

Acontecendo dano ligado à estrutura hospitalar, o hospital está obrigado a ressarcir, posto que, a par da responsabilidade objetiva, uma relação contratual foi estabelecida com o paciente, sob o compromisso de assistência eficaz e satisfatória até receber alta e deixar suas dependências.

Alguns exemplos: trabalho equivocado do pessoal de enfermagem, falta de equipamento e de instrumental cirúrgico, equipamentos defeituosos, medicamentos vencidos, errados ou ministrados incorretamente, sangue contaminado, alimentação deteriorada, etc.

As entidades respondem pelas consequências do trabalho de seus empregados e prepostos, a partir do momento da admissão.

O médico autônomo, sem vínculo de emprego ou de preposição, que apenas utiliza equipamentos e instalações da entidade para atender seus pacientes, responde pessoalmente pelos erros cometidos.

Nesses casos, a responsabilidade do hospital resume-se tão só aos danos decorrentes dos meios e serviços postos à disposição do profissional: instalações, instrumental, equipamentos, serviços da equipe de enfermagem e serviços de apoio como laboratório, banco de sangue, medicamentos, subentendido o dever de manter à disposição da equipe médica os equipamentos necessários e suficientes à realização de procedimentos, bem como o de assegurar manutenção permanente para não falharem quando utilizados, de forma a impedir adiamentos nos tratamentos, angústias e continuidade de sofrimentos ao paciente e familiares.

Constatado que o exercício da prática médica desrespeita disposições éticas, a Comissão de Ética da instituição comunicará o Conselho de Medicina pertinente, podendo excluir o médico e cancelar seu credenciamento, impedindo-o de voltar a usar as suas dependências.

Somente os legalmente habilitados pelos Conselhos de Medicina têm o direito de internar e assistir seus pacientes, ainda que não façam parte do corpo clínico do hospital, seja privado ou público, com caráter filantrópico ou não. A Resolução CFM n. 2.072/2014 veda o trabalho em hospitais, de profissionais sem inscrição.

Evitar contaminações e empregar meios para afastar riscos de contração de enfermidades, faz parte dos deveres das entidades hospitalares. Eliminá-las é tarefa difícil, mas podem ser controladas e reduzidas a baixos índices.

Infecções hospitalares podem ocorrer durante a internação do paciente e, ocasionalmente, no pós-alta. Podem estar relacionadas a diversos fatores, entre eles: a própria internação, procedimentos necessários à terapia, *stress* do paciente, comorbidades existentes; alguns deles, inexistentes na admissão do paciente no hospital.

O descumprimento das normas sanitárias, o descuido de regras profiláticas, a falta de cuidados para evitar a propagação de infecções, levam à responsabilização quando comprovadas como causas de contaminação do paciente contribuindo para agravar o seu estado de saúde.

A higienização das mãos é uma das recomendações importantes (Meta 5 das Metas Internacionais de Segurança do Paciente). É através das mãos não higienizadas que muitas vezes são transmitidas bactérias para pacientes e profissionais assim como permitindo infecção cruzada entre pacientes.

Orientações seguras dadas em programas e comissões internas de controle de infecções, especialmente aos profissionais que prestam assistência direta ao paciente, e atenção permanente às medidas preventivas, são elementos de defesa que a entidade poderá arguir se for apontada como negligente e causadora da transmissão de doenças aos seus clientes.

Como a contaminação pode advir não só da internação, mas também de procedimentos médicos em si (cirurgias, passagens de cateteres, exames invasivos, etc.), o hospital responde pela infecção mesmo depois da alta.

Daí a importância do preenchimento correto do formulário de alta que, além de vários esclarecimentos, deve conter os motivos da internação, a avaliação médica inicial, o diagnóstico principal, as intercorrências durante a internação, as condições de alta, a data e o horário da saída do paciente do hospital.

Ficando apurado que a infecção foi contraída antes da internação ou que surgiu em razão das condições do estado do paciente como idade, desnutrição, natureza da enfermidade, etc., a responsabilidade não recairá sobre a instituição.

18

ALTA MÉDICA – ALTA HOSPITALAR

Na hora da internação hospitalar, nem sempre o doente sabe quando vai voltar para casa. Quem decide o momento propício para conceder a alta hospitalar é o médico do paciente, único responsável apto a saber o que é mais acertado, motivo pelo qual está vedada a outros profissionais que não ele. Portanto, sua decisão é aguardada com grande ansiedade.

O tratamento é suspenso quando a cura está comprovada ou, se por qualquer outro motivo, a continuidade deixar de ser necessária. É o que se chama de alta médica, prerrogativa exclusiva daquele profissional.

Também pode decorrer do desejo do paciente, familiar ou responsável legal, mesmo sem estar concluído o tratamento. Neste caso, venha de quem vier, é aconselhável obter uma declaração de "alta a pedido" para transferir ao solicitante a responsabilidade pelas consequências da desistência do tratamento.

Se o internado quiser abandonar o tratamento e sair do hospital em momento clínico contra indicado, nem o médico e nem a instituição podem contrariá-lo. Porém, tentarão dissuadi-lo do propósito, alertando-o dos riscos e malefícios que poderão acontecer.

O paciente decide livremente sobre a execução de práticas diagnósticas ou terapêuticas, enfim sobre a sua pessoa, ou seja: não pode ser forçado a submeter-se a procedimentos médicos ou a intervenções cirúrgicas. Seu livre arbítrio não pode ser contrariado; tem que ser respeitado.

Mas os profissionais precisam se acautelar de futuras acusações de imprudência, pedindo ao paciente ou a quem suas vezes fizer, pronunciamento escrito nesse sentido, firmado por ele e testemunhas.

Considerando que, a partir da internação, o hospital responde pelos internados, é fundamental deixar claro e registrar em prontuário as informações dadas a este e aos seus responsáveis sobre as condições e danos que a alta não autorizada pode acarretar.

Admitida a "alta a pedido" e dados os esclarecimentos das suas desvantagens de forma clara e em linguajar compatível com o nível sócio cultural da pessoa, convém consignar em Termo de Responsabilidade firmado pelo paciente, familiares ou responsáveis, que receberam e compreenderam todas as informações e advertências. Medicações e orientações ficam anotadas nos documentos médicos para eventuais consultas.

Na hipótese de "alta a pedido" para crianças e adolescentes, será necessário que o documento respectivo, acompanhado de Termo de Responsabilidade, contenha a assinatura dos pais ou responsáveis. De resto, o procedimento é semelhante: a expressa concordância médica, também fica condicionada à avaliação do estado de saúde do internado.

Quando desaconselhada por implicar em risco à vida, for inconveniente face a gravidade do quadro de saúde ou por qualquer outro motivo, o médico e direção hospitalar têm o dever ético de negar e até mesmo, como medida de prudência, comunicar à autoridade policial, pouco importando a pressão da família. São providências essenciais porque, se o indivíduo vier a falecer em razão ou no curso da remoção, interpretar-se-á o consentimento como atitude negligente.

A posição médica contrária à concessão da alta fica registrada em parecer de discordância justificada com os fundamentos técnicos da negativa, parecer esse que permanece no prontuário.

Desta forma, a alta hospitalar deve ser dada pelo médico responsável pela internação do paciente na instituição, toda vez que for julgado desnecessário permanecer hospitalizado e não correr qualquer risco de agravo à saúde.

Permitida a destempo e a doença vindo a piorar, quem concede a alta hospitalar prematuramente sujeita-se a responder administrativa, civil e penalmente. Por isso, a relevância da verificação do estado da saúde no dia da alta.

Anote-se que, em nenhuma circunstância ou pretexto, o médico pode renunciar à liberdade profissional, menos ainda aceitar ingerências e imposições.

Comumente os hospitais utilizam formulários específicos para a alta (Sumário de Alta), contendo: data e horário, condições do paciente, motivo da internação, procedimentos diagnósticos e resultados, procedimentos cirúrgicos realizados, intercorrências, tratamentos e medicamentos administrados, médicos e equipe multidisciplinar, tempo de permanência na instituição, orientações pós-alta, etc.

Um resumo permanece no prontuário e uma via fica com o paciente ou responsável, acompanhada de receituário, medicamentos prescritos e cuidados a serem observados após a saída do hospital.

Aquele que não cumpre as determinações para depois da alta, desobriga médico e hospital.

O desejo de querer sair do hospital manifestado pelo doente ou família em situação clínica irreversível ou terminal, deve ser compreendido e atendido. No entanto, demonstra solidariedade humana os profissionais de saúde orientarem a respeito e finalidades dos cuidados paliativos apropriados.

19
DIRETIVAS ANTECIPADAS DE VONTADE

Um dia nós vamos morrer; é a nossa única certeza...

Inúmeras vezes ouvimos amigos comentar: se a fatalidade me atingir e eu for apanhado por doença incurável quero morrer logo; não quero prolongar meu sofrimento nem o da minha família; não quero ser submetido a tratamentos que não tragam nenhum benefício; quero deixar minha vida se esvair normalmente ou, então, quero que recorram a todos os meios da ciência para que minha existência seja prolongada o máximo possível... Na verdade estão anunciando os tratamentos médicos que anseiam para o final dos seus dias.

Utilizadas em vários países e ordinariamente chamadas de Testamento Vital, as Diretivas Antecipadas de Vontade (DAV) consistem em instruções deixadas pela pessoa acerca de tratamentos e não tratamentos que deseja ser submetida, caso acometida de enfermidade grave fora do alcance terapêutico ou que a torne inconsciente ou incapaz de expressar a vontade, ainda que temporariamente. São, por conseguinte, orientações a respeito de condutas médicas futuras. Não há impedimento legal ou ético em acatá-las.

Resumem-se, quase sempre, na administração de procedimentos para aliviar a dor e suspensão de tratamentos sem finalidade curativa enquanto a hora final é aguardada. Podem ser manifestadas oralmente ou por escrito e serem revogadas ou modificadas em qualquer momento apenas por quem as produziu. Independem de registro público e não podem ser questionadas. Em nosso país ainda não há lei específica dispondo sobre o assunto.

A autonomia do indivíduo de submeter-se ou não a tratamentos médicos não é novidade. Sua autodeterminação e livre direito de escolha são reconhecidos. Tanto é assim que o Código Civil e o Código de Ética Médica contêm disposições gerais inadmitindo desrespeitar o livre arbítrio da pessoa de decidir sobre procedimentos a serem realizados no seu corpo bem como a execução de práticas diagnósticas ou terapêuticas.

Partindo desses comentários, vê-se que o absolutamente capaz, apto a praticar os atos da vida civil, doente ou não doente, pode deixar orientações a respeito de condutas futuras.

A tendência é admiti-las como válidas de modo que, não sendo obrigatório acatá-las, o cumprimento no meio médico dependerá dos familiares ou de quem tiver sido indicado pelo enfermo para representá-lo. A precaução aconselha incumbir alguém próximo, familiar ou não, para transmitir a vontade naquelas situações em que, em razão da moléstia, houver a perda das condições de consentir.

Acrescentem-se como exemplos o Enunciado 527 aprovado pelo Conselho Nacional de Justiça na V Jornada de Direito Civil: "É válida a declaração de vontade expressa em documento autêntico, também chamado 'testamento vital', em que a pessoa estabelece disposições sobre o tipo de tratamento de saúde, ou não tratamento, que deseja no caso de se encontrar sem condições de manifestar a sua vontade.", e estes trechos de julgado: "(...) O desejo de ter a 'morte no seu tempo certo', evitados sofrimentos inúteis, não pode ser ignorado, notadamente em face de meros interesses econômicos atrelados a eventual responsabilidade indenizatória. No caso dos autos, a vontade da paciente em não se submeter à hemodiálise, de resultados altamente duvidosos, afora o sofrimento que impõe, traduzida na declaração do filho, há de ser respeitada (...)" (TJRS – Ap. cív. n. 70042509562 – 21ª Câm. Cível – Rel. Des. Armínio José Abreu Lima da Rosa – j: 1.6.11, v.u.).

É obrigação do bom profissional oferecer todos os cuidados paliativos disponíveis sem empreender ações inúteis ou obstinadas, quando a evolução da doença estiver levando inevitavelmente à morte e tratamentos deixam de ter sentido. Entretanto, sempre levará em consideração o querer do paciente ou, na impossibilidade, daquele que legalmente fizer suas vezes.

Falar sobre cuidados a serem ministrados em situações que envolvem a finitude da vida e tomar decisões sem se deixar levar por reações emotivas próprias dos momentos difíceis, lidar com pessoas inconsoláveis, é delicado e penoso, porém necessário.

A Resolução CFM n. 1.995/2012 indica a postura médica diante das Diretivas. As orientações trazem tranquilidade ao profissional, ao paciente e à família e ainda permitem ajudar na deliberação dos limites terapêuticos e momento em que os tratamentos devem cessar. Se de acordo com os ditames do CEM, devem ser admitidas.

Encontrando-se o doente com a consciência comprometida pela doença ou em estado de inconsciência, a conduta médica regrar-se-á na vontade previamente manifestada por ele, na da família, na de alguém designado para falar em seu nome ou, então, no próprio julgamento científico e humanitário do profissional que definir o melhor para o enfermo.

Quando comunicadas diretamente pelo paciente, impõe-se o registro no prontuário prevalecendo sobre qualquer parecer não médico e, até mesmo, sobre os desejos da família.

Inexistindo determinações do paciente, na falta de familiares, de consenso entre eles e não havendo representante designado pelo doente para falar em seu nome, na hipótese de surgirem conflitos éticos ou contrários aos ditames da consciência do médico (objeção de consciência) este, caso entender necessário, recorrerá ao Comitê de Bioética ou à Comissão de Ética Médica do hospital ou, então, aos Conselhos de Medicina.

Embora o Código Civil e o CEM não permitam desrespeitar o livre arbítrio da pessoa, uma vez que o atendimento daquela vontade não está assegurado em nossas leis, na prática, caberá aos familiares, juntamente com o médico, a decisão de cumprir o desejo. Quando possível, devem respeitar sem, contudo, ferir os limites éticos legais.

Nos Apensos encontra-se uma proposta de Diretivas onde estão incluídas instruções sobre o funeral, destinação do corpo, doação de órgãos, sepultamento ou cremação.

20
FÉ, CRENÇA, RELIGIOSIDADE E SAÚDE

A liberdade de crença foi instituída entre nós na Constituição de 1824, outorgada por Dom Pedro I. Embora no Brasil daquela época a religião oficial fosse o catolicismo, concedeu-se aos protestantes, muçulmanos, budistas, judeus e adeptos de outras doutrinas o direito de seguirem livremente seus credos e práticas rituais. Desde então, as diferentes manifestações religiosas de nossa gente ficaram asseguradas constitucionalmente.

A abrangência do preceito constitucional é ampla, pois ampara o livre pensamento, a liberdade de crença e de cultos, suas liturgias e a prestação de assistência religiosa nas entidades civis.

Às vezes é preciso se agarrar a algum motivo para ter esperança. Fé, crença, religiosidade, espiritualidade sempre foram aceitas como importantes aliadas para incentivo de enfermos. Mas o que significam?

"Fé é a certeza das coisas que se esperam e a convicção de fatos que não se veem." (Bíblia – Hebreus, 11:1). Na definição dos dicionaristas fé é confiar firmemente em alguém ou em algo que não se discute; crença, a convicção profunda em qualquer pessoa ou coisa; religiosidade, a tendência para sentimentos religiosos ou para coisas sagradas e espiritualidade, característica ou qualidade de quem tem ou revela atividade religiosa ou mística (Dicionário Houaiss da Língua Portuguesa. Rio de Janeiro: Objetiva, 2001).

Fé, portanto, é crença inabalável que nos auxilia a superar dificuldades para concretizar nossas aspirações.

Acreditar em algo transcendental, independentemente da religião que se professe, traz esperanças de que alguma coisa de melhor surgirá. Quem não conhece as expressões "quem tem fé tudo pode", "a fé move montanhas"?

Fala-se que Albert Einstein dizia: "Quanto mais acredito na ciência, mais acredito em Deus" e "A ciência sem a religião é manca, a religião sem a ciência é cega".

Embora não possamos explicar certos fenômenos, sentimos que ocorrem sem saber como e por qual razão. Ainda que desacompanhados dos rigores das interpretações científicas, não há como ignorá-los porque são perceptíveis. Todos percebem o vento, não o vemos nem tocamos, mas ele lá está.

Assim acontece com inúmeros fatos que demonstram a capacidade do ser humano de acionar energias interiores e contribuir com a cura. É a vontade de viver, é o poder da mente de ficar curado, sintetizados nas palavras de Sêneca, o filósofo romano: "É parte da cura o desejo de ser curado".

O interesse sobre os fenômenos relacionados com a espiritualidade e a religiosidade sempre existiram em diferentes momentos da cultura humana. Evidências conectando fé, crença, religiosidade, espiritualidade à saúde despertaram a atenção dos estudiosos e cientistas, a ponto dos últimos séculos assistirem crescente interesse nas pesquisas para avaliar a ligação daqueles elementos impalpáveis às atividades da mente.

Surgiu, então, a neuroteologia ou neurociência espiritual ou bioteologia, destinada a pesquisar a relação das experiências popularmente chamadas de espirituais, religiosas, ou místicas com a saúde física e mental do ser humano doente.

Investigações mostram que indivíduos espiritualizados que buscam ajuda na religião, tendem a afastar com menor esforço as tristezas e pensamentos ruins quando se sentem golpeados pelas ciladas da vida. Lidam melhor com as dificuldades apresentadas pelos maus momentos e se recuperam mais facilmente de estados depressivos e distúrbios emocionais, do que os céticos e tendentes a negativismos.

Poucos duvidam dos méritos da fé, crença e religiosidade para o bem-estar físico-mental dos enfermos. Até mesmo profissionais da saúde altamente qualificados, médicos e não médicos os reconhecem. Podem haver muitos poréns, mas o fato é que isso acontece e está demonstrado em vários estudos científicos.

A ciência moderna, juntamente com a Organização Mundial da Saúde, aceita a espiritualidade como uma contribuição a ser considerada, tendo em vista os resultados observados indicarem favorecer a saúde psíquica, social e biológica e o bem-estar do indivíduo.

Contudo, as respostas aos porquês ainda não são definitivas.

Entre os pátrios, dentre outras instituições destinadas a realizar pesquisas e estudos científicos sobre os efeitos biológicos da fé e dar apoio a iniciativas de cunho espiritualista aos pacientes que desejarem, o Instituto de Psiquiatria do Hospital das Clínicas da Faculdade de Medicina da Universidade de São Paulo criou o Núcleo de Estudos de Problemas Espirituais e Religiosos (Neper) e o Hospital Israelita Albert Einstein, o Núcleo de Estudos sobre Religiosidade e Espiritualidade em Saúde (Neres). A Sociedade Brasileira de Cardiologia instituiu Grupo de Estudos em Espiritualidade e Medicina Cardiovascular (Gemca) para entender como aquelas particularidades podem repercutir na saúde cardiovascular.

Considerando que muitas pessoas encontram na espiritualidade e na divindade uma fonte de conforto já se reconhece, por exemplo, que práticas como oração e meditação trazem serenidade ao enfermo e, com isso, aspectos positivos e influência benévola, em razão de oferecerem mais equilíbrio físico-mental, ajudando à uma recuperação mais rápida.

A despeito das evidências, face à intrincada movimentação dos bilhões de neurônios presentes em nosso cérebro, os resultados das pesquisas ainda são modestos e os pesquisadores seguem avaliando os efeitos no organismo do doente mercê da espiritualidade/religiosidade, sem ignorar que estas, por si sós, não têm a virtude de influenciar na saúde e restaurar energias. É que, sendo a Medicina ciência a serviço da saúde, crença, religião, espiritualidade são manifestações fora do seu contexto.

O CFM, em consulta formulada, respondeu: "Não há que existir incompatibilidades entre a fé e a razão, entre a crença e o conhecimento científico no ensino, nem no exercício da profissão médica, desde que respeitados os princípios básicos irrefutáveis da boa prática médica." (CFM – Parecer n. 2/11 – Processo-Consulta CFM n. 4.043/10 – Relação entre a ciência (Medicina) e a espiritualidade no Brasil).

21
AS TESTEMUNHAS DE JEOVÁ E AS TRANSFUSÕES DE SANGUE

A liberdade de exprimir o pensamento, a liberdade de consentir, a liberdade de consciência e de crença e o princípio de que nenhuma pessoa pode ser obrigada a fazer ou deixar de fazer alguma coisa senão em virtude de lei, estão firmemente assegurados na Constituição Federal e reafirmados em leis ordinárias.

Consequências inevitáveis: ninguém pode ter violado o direito de livremente querer e decidir; ninguém pode ser constrangido a renunciar sua consciência, sua fé e seus princípios religiosos. Liberdade de escolher, liberdade de professar a religião que deseja e liberdade de manifestar a vontade são invioláveis.

O Código Civil dispõe que ninguém pode ser compelido a submeter-se a tratamento ou intervenção cirúrgica. Leis esparsas, como o Estatuto do Idoso e a Lei paulista n. 10.241/98, garantem à pessoa o direito de optar pelo tratamento que reputar mais favorável aos seus interesses e consentir ou recusar procedimentos diagnósticos ou terapêuticos, ao passo que o Código de Ética Médica veda a execução de práticas contrárias às que o paciente decidir, salvo em caso de iminente perigo de morte.

O doente maior e capaz tem o direito de aceitar ou não o tratamento sugerido, especialmente se a decisão se pautar em convicções religiosas. Contrariar sua livre decisão, do seu familiar ou do representante legal, se incapaz ou incapacitado de consentir, será constranger ilegalmente e assumir o risco de responder civil e criminalmente. É crime forçar alguém a não fazer o que a lei permite ou a fazer o que ela não manda.

A fé merece respeito e todas as crenças têm seus dogmas.

Para as Testemunhas de Jeová a proibição de receber transfusão sanguínea mesmo no caso de risco de vida, faz parte essencial de suas crenças. Diante desse preceito religioso que lhes é crucial, rejeitam terapêuticas que incluam a utilização de sangue e derivados não só para si, mas também para os filhos, menores ou incapazes.

Como então enfrentar essa delicada situação quando direitos fundamentais se entrechocam com o dever do médico de lutar pelo bem maior que é a vida? Qual é o limite da autonomia da vontade do paciente? Até onde deve ir a responsabilidade profissional quando o enfermo não admite o tratamento proposto? O médico pode desafiar o livre arbítrio da pessoa e descumprir a obrigação de usar todos os recursos da Medicina para restabelecer a saúde do enfermo, posto que o bem maior é a vida?

Movidas pelo desejo de preservar as regras religiosas, as Testemunhas de Jeová costumam apresentar aos profissionais da saúde uma declaração onde afirmam não permitir procedimentos terapêuticos que incluam transfusão sanguínea, com o intuito de isentar médicos e hospitais da responsabilidade por resultado adverso proveniente da recusa. Isso acontecendo, é aconselhável ao médico e ao hospital anotarem tudo no prontuário e obterem um documento do doente, familiares ou responsáveis, registrando a recusa ou o não querer o tratamento proposto.

Entretanto, sucedendo necessidade tal, face ao risco da morte inevitável que sobrevirá ao paciente, o médico não se submeterá a constrangimentos devendo realizar a transfusão mesmo sem consentimento pois, se deixar de aplicar o tratamento e o paciente falecer, poderá enfrentar sérias consequências legais.

Quando se busca afastar flagrante perigo à vida de alguém, seja criança ou incapaz de se manifestar dependentes da permissão dos pais ou de outros responsáveis, a decisão só pode ser do médico. A ação de realizar o ato necessário, mesmo sem autorização, é justificada: trata-se de manter a vida do doente. A lei penal ressalva que não haverá crime se a prática da intervenção médica ou cirúrgica, embora sem consentimento, estiver legitimada diante do iminente risco de vida. As regras de conduta médica, por sua vez, permitem infringir o livre-arbítrio do enfermo e transgredir seu direito de decidir, diante de situação de risco de vida tamanho que o perigo de morte possa ser afastado com a prática de qualquer procedimento terapêutico.

Na Resolução CFM n. 1.021/80, o Conselho Federal de Medicina orienta o médico, em casos de pacientes que por motivos diversos, inclusive de ordem religiosa, não admitirem a transfusão de sangue, obedecer o CEM e respeitar a vontade do enfermo ou dos responsáveis, nas hipóteses de não haver iminente perigo de vida. Caso contrário, deverá praticar a transfusão mesmo sem o consentimento.

No entanto, havendo tempo hábil, o profissional procurará recorrer a tratamentos substitutivos ou alternativos, atitude essa mais compatível com as regras deontológicas do exercício da Medicina e com os direitos do paciente, assegurados pela ordem constitucional.

As Testemunhas de Jeová criaram uma rede mundial conhecida pela sigla COLIH (Comissões de Ligações com Hospitais), incumbida de orientar equipes médicas sobre alternativas para evitar a hemotransfusão ou ajudar seus seguidores pacientes que desejam ser transferidos a hospitais que recorrem a outras possibilidades.

O doente tem o direito de optar por se submeter ou não a um dado procedimento. O que não pode é pretender dizer ao médico como agir, até porque a responsabilidade pelo ato recai sobre o profissional.

No geral, os tribunais vêm decidindo que o direito à vida sobrepõe-se à liberdade de crenças, entendendo que as convicções religiosas não podem se contrapor à vida, bem maior.

Presente o perigo de morte, o médico tem o direito-dever de empregar todos os meios e tratamentos ao seu alcance para salvar o paciente, independentemente do consentimento ou vontade deste, dos familiares e/ou responsáveis, ainda que a oposição seja ditada por motivos religiosos. É que a vida antecede o direito à liberdade, aqui incluída a liberdade de religião. De fato, para que serviriam as crenças, as leis, as normas de conduta, a proteção social, se a vida não existisse?

A questão é altamente polêmica e permite interpretações diferentes. Contudo, as manifestações dominantes na doutrina e na jurisprudência levam às seguintes conclusões: (i) não sendo possível substituir a transfusão sanguínea por tratamento alternativo em razão do perigo de morte prestes a acontecer, a decisão cabe soberanamente ao médico, independentemente de consentimento de quem quer que seja e, (ii) se ausente o perigo, prevalece a vontade do paciente, familiares ou representante legal.

22
DOAÇÃO DE TECIDOS, ÓRGÃOS E PARTES DO CORPO

Doações de tecidos, órgãos e partes do corpo humano, em vida ou para depois da morte, destinadas à prática de transplantes e tratamentos, são admitidas na legislação brasileira desde que gratuitas e com finalidade científica ou altruística. Estando sadio, qualquer um pode doar. Nenhuma religião impede esse ato de magnanimidade e humanidade. O grande problema é o insuficiente número de doadores resultante, quase sempre, de recusa da família. Precisamos nos conscientizar que com tal ação poderemos salvar muitas vidas.

Permite-se à pessoa juridicamente capaz, dar tecidos, órgãos e partes do corpo para fins terapêuticos ou de transplantes, em benefício de cônjuge e parentes consanguíneos até o quarto grau, na medida em que não lhe produza danos. Aos não parentes, é preciso obter autorização judicial.

O interdito, como incapaz de consentir, está impedido de desfazer-se de órgãos e partes do corpo, ainda que com intuito humanitário e terapêutico. A decisão de doar é de natureza personalíssima, porquanto o consentimento não pode ser suprido por ato do curador nem do judiciário.

A não ser para atender exigência médica, o Código Civil proíbe o indivíduo de dispor do corpo enquanto viver quando prejudicar a integridade física. Consente a disposição com propósito de transplante, conforme estabelecer a lei especial, vedando-a taxativamente se contrária aos bons costumes.

No estágio atual de desenvolvimento da ciência médica e avanços na medicina regenerativa é possível trocar órgãos doentes por outros sãos, mediante a doação de tecidos, córneas, medula óssea, parte ou integralidade de um dos órgãos duplos como rim e fígado. Melhorar a qualidade de vida de alguém doente por meio da substituição de órgãos degenerados, especialmente quando a existência está em jogo, é feito admirável merecedor de louvor.

Transplantes somente podem ser praticados em portadores de doenças progressivas ou incapacitantes, quando não for possível recorrer a outras técnicas de terapia. Dependem dos estabelecimentos de saúde estarem autorizados pelos órgãos públicos, exigem atuação de profissionais altamente qualificados e equipamentos sofisticados, uma vez que são cirurgias de elevadíssimo risco e complexidade.

A Medicina do nosso país já está preparada para executar transplantes de mais de um órgão de uma só vez. Como participantes de um protocolo experimental autorizado pelo Ministério da Saúde, o Hospital Albert Einsten, em 2012, e o Hospital das Clínicas de São Paulo, em 2014, efetuaram cirurgias de transplantes multivicerais envolvendo cinco órgãos ao mesmo tempo: fígado, intestinos delgado e grosso, pâncreas e estômago.

A suspensão dos procedimentos terapêuticos com objetivo de realizar transplantes a partir da verificação da morte encefálica em não doador, é legal e ética (Resolução CFM n. 1.826/2007). Constatado o óbito ou declarada a morte encefálica segundo os rigorosos padrões do CFM, podem ser removidos: coração, pulmão, fígado, pâncreas, intestino, rim, córnea, pele, veias, válvulas cardíacas, ossos e tendões.

A Lei n. 9.434/97, conhecida como Lei dos Transplantes, estabeleceu as regras sobre a disposição de Tecidos, Órgãos e Partes do Corpo Humano, os critérios para transplante com doador vivo e as sanções penais e administrativas pelo descumprimento. Ao ser regulamentada pelo Decreto n. 2.268/97, criou o Sistema Nacional de Transplantes (SNT), os Órgãos Estaduais e as Centrais de Notificação, Captação e Distribuição de Órgãos (CNCDOs) em cada unidade da federação. Passados alguns anos, a Lei n. 10.211/2001 extinguiu a doação presumida e dispôs que, se tratando de doador falecido, somente deverá ocorrer diante de autorização familiar. Dispensou, portanto, as anotações nos documentos de identificação (RG) e Carteira Nacional de Habilitação (CNH) como forma de manifestação de vontade do potencial doador.

Após o diagnóstico, a notificação da morte encefálica às CNCDOs é obrigatória, independentemente do desejo familiar e da condição clínica do material a ser doado. A família ou a entidade familiar constituída por companheiro ou companheira heterossexual ou homossexual, sempre precisa ser consultada e orientada sobre os procedimentos e a doação só pode ser concretizada com as respectivas autorizações.

A remoção dos órgãos e tecidos do falecido realiza-se como se fosse uma cirurgia. Os cortes produzidos são fechados e a aparência do corpo conservada, de forma a não se perceber o que foi extraído.

O Código de Ética Médica contém disposições especiais relacionadas às condutas para doação e transplante. Veda ao médico: participar do processo de diagnóstico da morte ou da decisão de suspender meios artificiais para prolongar a vida do possível doador, quando pertencer à equipe de transplante; deixar de esclarecer o disponente, o receptor ou seus representantes legais sobre os riscos decorrentes de exames, intervenções cirúrgicas e outros procedimentos nos casos de transplantes de órgãos; retirar órgão de doador vivo quando este for juridicamente incapaz, mesmo com autorização do representante legal, exceto nos casos permitidos e regulamentados em lei; envolver-se, direta ou indiretamente, em comercialização de órgãos ou de tecidos humanos.

Afora as situações de extremo risco de morte, nem o Código Civil nem o Código de Ética Médica admitem desrespeitar a decisão do paciente acerca dos procedimentos a serem realizados no corpo e execução de práticas diagnósticas ou terapêuticas. Cumpre repetir que o Código Penal reprime a intervenção médica ou cirúrgica sem o paciente ou o representante legal consentir: procedimentos invasivos e cirurgias realizadas sem a livre declaração da vontade são agressões à integridade física, justificáveis tão e só nas situações de iminente perigo de morte.

Portanto, é importante que o enfermo, familiar ou quem falar por ele, saiba claramente a respeito das condutas médicas que serão praticadas e dos benefícios, sequelas, riscos, rejeições, etc. esperados.

Além das informações comuns, precisará constar no prontuário do doador, (i) se vivo: o resultado dos exames realizados para avaliar a possibilidade da retirada do órgão e do transplante e a comunicação ao Ministério Público da doação efetuada; (ii) se morto: o laudo dos exames utilizados para a comprovação da morte encefálica e para a verificação da viabilidade da utilização dos tecidos, órgãos ou partes do corpo extraídos, a respectiva relação acompanhada do original ou cópia autenticada dos documentos utilizados para a identificação.

No prontuário do receptor: (i) o documento comprobatório do consentimento do transplante; (ii) a cópia dos laudos dos exames feitos para avaliação das possibilidades do transplante; (iii) a viabilidade da utilização dos tecidos, órgãos ou partes tiradas; (iv) os exames realizados para estabelecer a compatibilidade entre o organismo do receptor e o do doador.

O legislador não estabeleceu forma rígida para permitir doações, de modo que a autorização pode ser dada por escrito e diante de testemunhas ou, até mesmo, verbalmente, inclusive pela família quando estiver ciente do desejo da pessoa de doar, caso venha tornar-se incapacitada de exprimir a vontade.

23
DOCUMENTOS MÉDICOS

Documentos são escritos de interesse público ou particular, destinados a conservar a memória de algum acontecimento ou registro de um ato.

Na área médica correspondem aos diferentes assentamentos efetuados a partir da assistência ao paciente, exames, observações e tratamentos ministrados. Possuem força considerável para elucidar ocorrências e fazer prova em processos administrativos e judiciais, pois gozam da presunção de veracidade equivalentes aos expedidos por autoridades e somente podem ser desacreditados por outros médicos e peritos.

São documentos médicos: receitas, atestados, prontuários, fichas médicas, registros de atendimento, de prescrições, de procedimentos, de terapêuticas medicamentosa ou cirúrgica, declarações, boletins, relatórios, laudos, pareceres.

Pela importância e destino desses papéis o CEM, a legislação esparsa e resoluções dos Conselhos de Medicina contêm normas e orientações específicas a respeito das suas emissões. Proíbem, por exemplo: receitar, atestar e emitir laudos de forma secreta ou ilegível, sem indicação do nome do profissional e número do registro no respectivo Conselho Regional; assinar em branco folhas de receituários, laudos, atestados e outros; expedir qualquer deles de maneira tendenciosa ou irreal e sem ter efetivamente praticado ou participado da conduta que justifique a sua existência. Adulterá-los, notadamente para encobrir erros cometidos, é ato condenável sob ponto de vista da ética médica, podendo representar ilícito criminal e litigância de má fé no âmbito do processo civil. O Código Penal pune quem altera a verdade em documento, configurando conduta típica de falsidade ideológica a omissão e a declaração falsa com o fim de prejudicar direitos ou criar obrigações.

Posto que o sistema legal brasileiro permite provar documentalmente os fatos alegados, esses documentos são considerados fonte de inquestionável importância para a solução de problemas jurídicos e administrativos envolvendo a conduta ética profissional médica.

O sigilo a eles atribuído não é absoluto. Há situações – dever legal, consentimento escrito do paciente, defesa própria do profissional – em que pode ser rompido. Fora dessas hipóteses, quem revelar o que eles contêm, ainda que parcialmente, permitir ou facilitar o manuseio, comete crime e infração disciplinar sujeitando ainda o infrator a indenizações de natureza civil.

Pelos propósitos científicos, legais e judiciais a que possam ter utilidade, todos são relevantes. Uns mais do que outros. Neste momento apenas alguns são comentados.

Receitas – Parte integrante do ato médico, a indicação de remédios é feita em escritos nos quais estão mencionados os medicamentos e as respectivas posologias para combater a enfermidade. Devem ser de fácil leitura para a identificação correta de nomes, dosagens e forma de utilização. Chamado de receita, o documento é, por assim dizer, o instrumento da prescrição médica.

Receitas ininteligíveis, com caligrafia incompreensível ou que geram confusões, quando aviadas erradamente, além de caracterizar prática imprudente podem agravar a saúde e até provocar a morte.

Atestados – Atestar significa afirmar, declarar por escrito. Por conseguinte, atestados médicos são documentos afirmativos de fatos ou de situações reais envolvendo, por exemplo, assuntos de saúde, doença ou término da vida de uma pessoa e as suas causas. Se não condizem com a realidade e causam prejuízo, o emissor sujeita-se a penalidades administrativas e ressarcimentos de natureza civil, além de responder criminalmente pelo crime de falsidade de atestado.

A Associação Paulista de Medicina desenvolveu e disponibiliza em seu site alguns modelos de atestados digitais com o intuito de orientar e facilitar a atividade do profissional.

Prontuários – Prontuário do paciente, ficha clínica, ficha médica, ficha de consulta ou de avaliação clínica – não importa o nome – é, sem dúvida, o documento de maior relevância, quando não o único, capaz de comprovar o estado do paciente antes, no decorrer e após o atendimento médico.

Em atendimentos rápidos e situações consideradas simples é comum não ser feito. Nos casos de emergência é obrigatório o registro completo da assistência prestada na ficha de atendimento de emergência/boletim de atendimento/prontuário médico, com a identificação dos médicos envolvidos no atendimento (Resolução CFM n. 2.077/2014, art. 9º). Inegável que o socorro à pessoa vem em primeiro lugar. No entanto, a existência dos registros possui expressivo valor em qualquer circunstância, tanto para o profissional informar o estado do enfermo antes de ser assistido, como para o enfermo valer-se deles quando necessário.

É no prontuário ou história clínica onde ficam reunidos os dados essenciais sobre a saúde da pessoa. O CFM define-o como: "documento único constituído de um conjunto de informações, sinais e imagens registradas, geradas a partir de fatos, acontecimentos e situações sobre a saúde do paciente e a assistência a ele prestada, de caráter legal, sigiloso e científico, que possibilita a comunicação entre membros da equipe multiprofissional e a continuidade da assistência prestada ao indivíduo."

Prontuários legíveis, sem rasuras, com os registros claros e precisos, além de contribuir para pesquisas, trabalhos científicos e ensino, são instrumentos altamente eficazes para avaliação da conduta profissional.

Podem ser manuscritos ou eletrônicos sempre, entretanto, com informações e documentação médica de apoio relativas a um único paciente. Na Resolução n. 1.821/2007 o CFM aprovou as normas técnicas concernentes à digitalização e uso dos sistemas informatizados para a guarda e manuseio dos documentos dos prontuários e estabeleceu o prazo de 20 (vinte) anos, contados do último registro, para a preservação dos produzidos em papel. Não é demais dizer que nosso ordenamento jurídico aceita quaisquer reproduções mecânicas ou eletrônicas como meio probatório.

O doente, seus responsáveis ou quem o representa, têm o direito de acessá-los e obter cópias, mediante pagamento das despesas.

Às vezes o paciente ou os parentes precisam das informações. Isso acontece quando é transferido a outro profissional médico, muda a residência para localidade diferente, necessita fazer prova, etc. Em hipóteses como essas admite-se a disponibilização de cópia dos documentos incluindo o resumo do tratamento ministrado.

O CFM recomenda aos profissionais e instituições de tratamento médico, clínico, ambulatorial ou hospitalar fornecerem, quando solicitados pelo cônjuge/companheiro sobrevivente e sucessores de paciente morto, o prontuário do falecido, desde que comprovado o vínculo familiar. Recomenda, também, deixarem os pacientes informados acerca da necessidade de manifestação expressa, caso recusem a divulgação do prontuário após a morte (Recomendação CFM n. 3/14).

O direito de ter cópia estende-se a todo o material que disser respeito à saúde do interessado: arquivo, notas, informações, exames, fichas médicas, notas de enfermagem, observações de psiquiatra, psicólogo, assistente social.

Instado a se pronunciar sobre o destino de fichário médico e exames em caso de falecimento do profissional, o Conselho Regional de Medicina de São Paulo respondeu que o arquivo do médico é composto de duas modalidades de documentos: o registro das anotações médicas e os exames complementares. Os exames são de propriedade do paciente e a devolução aos donos deve ser a conduta. As anotações feitas nas fichas médicas fazem parte do método de atendimento e podem ser úteis para a sequência do atendimento por outro médico. Para isso as pessoas devem ser notificadas e solicitadas a manifestar a vontade de dar o destino que melhor lhes aprouver. Não sendo possível, o procedimento será incinerá-los sob a supervisão de alguém idôneo (Parecer n. 45.708/01).

Notificação compulsória – Notificação compulsória é o comunicado que médicos, profissionais atuantes na área e responsáveis por estabelecimentos de saúde em geral, estão obrigados a fazer às autoridades da administração pública sobre a ocorrência de enfermidades ou suspeita de doenças infectocontagiosas listadas pelo Ministério da Saúde, para impedir a propagação (Portaria MS/GM n. 1.271, de 06.6.2014 – Define a Lista Nacional de Notificação Compulsória de doenças, agravos e eventos de saúde pública nos serviços públicos e privados em todo o território nacional e dá outras providências). Comete crime contra a saúde pública e fica sujeito às penalidades das leis sanitárias quem desatender o comando legal.

Igual imposição de notificação encontra-se na lei do planejamento familiar. Esta lei, obriga o médico revelar às autoridades as esterilizações cirúrgicas que realizar, sob pena de incorrer em sanções (Lei n. 9.263/1996).

Mesma determinação está contemplada na Lei n. 12.461/2011, para a hipótese de constatação de atos de violência praticados contra o idoso em estabelecimentos de saúde.

Comunicados compulsórios incluem-se no dever legal e liberam o sigilo, mesmo porque o que se denunciam são enfermidades, procedimentos e atos indicados pelas autoridades, não a pessoa.

Laudos – Laudos são documentos contendo pareceres de especialistas, sobre algo que exige conhecimentos especiais.

Laudo pericial de auditoria tem finalidade diferente do laudo médico. Aquele tem finalidade administrativa, este objetiva perícia médica para obtenção de esclarecimentos e subsídios relativos a questões médicas.

Antiética é a perícia ou a auditoria realizada no próprio paciente, em pessoa da família ou em qualquer outra com a qual, perito e auditor, tenham laços que influenciem ou comprometam o trabalho, como também em empresa na qual atue ou atuou.

O CEM proíbe o médico que assistiu o enfermo deixar de fornecer laudo ao paciente encaminhado ou transferido a outro profissional ou hospital e, também, no caso de alta a pedido. O documento deve conter todos os informes e o relato dos fatos relacionados com a saúde do doente, hipóteses diagnósticas, terapêutica adotada, procedimentos a que se submeteu, etc.

É dever incontornável do perito e auditores agirem imparcialmente. O Código Penal tipifica como falsa perícia e pune com rigor falsear, negar ou calar a verdade em processo judicial ou administrativo. Vem daí a razão pela qual não se permite a assinatura de laudos periciais médico-legais ou de auditorias sem que o exame tenha sido realizado pessoalmente.

Parecer médico-legal – é um documento contendo a opinião de um ou mais médicos especialistas em Medicina Legal, respaldado em documentos judiciais ou em dados policiais.

A Medicina Legal, Forense ou Judiciária trata-se de especialidade que aplica os conhecimentos da ciência médica para esclarecer fatos de interesse da justiça. Seu praticante é denominado médico legista.

24
LABORATÓRIOS E RESPONSABILIDADE CIVIL

Nem sempre os sintomas apresentados pelo doente levam à certeza da enfermidade. Com o objetivo de assegurar um diagnóstico acertado, o médico vale-se de exames complementares e, a partir das conclusões dos laboratórios, aplica seus conhecimentos e desenvolve o raciocínio clínico para dar início ao tratamento. Assim sendo, os exames laboratoriais têm a importante função de dar subsídios às decisões médicas sobre diagnósticos e terapias. A Medicina não é uma ciência exata, por isso quando se diz diagnóstico correto há de se entender como o mais próximo do acerto.

Resultados inexatos ou distorcidos, troca ou entrega equivocada de exames são erros extremamente graves que podem causar sérios e irreversíveis danos: engano do médico, prescrição de tratamento desnecessário ou inadequado, evolução da doença pela falta da providência necessária, sem mencionar a ingestão de medicamentos contraindicados, às vezes fatais.

Face a relevância dos exames laboratoriais para chegar a um diagnóstico eficaz, evidente que esse importante trabalho exige rígidos controles e resultados verdadeiros.

Tais serviços estão entre as obrigações de resultado nas quais a culpa se presume; bastará demonstrar o resultado danoso provocado em razão do desacerto do serviço prestado – nexo de causalidade –, para o laboratório responder pela reparação civil material e moral, esta, em razão dos transtornos, preocupações e aflições que produzir, além de criminalmente se configurar delito.

Quem presta mal o serviço que se propôs a fornecer, torna-se responsável pela obrigação de compensar os danos infringidos àquele que o utilizou. O Código de Defesa do Consumidor é claro: o fornecedor de serviços responde, independentemente da existência de culpa, pela reparação dos danos causados aos consumidores por defeitos relativos à prestação dos serviços, bem como por informações insuficientes ou inadequadas sobre sua fruição e riscos (CDC, art. 14). De modo que atribui aos laboratórios responsabilidade de natureza objetiva.

Do mesmo jeito que tem o direito de decidir livremente sobre a execução de práticas diagnósticas ou terapêuticas, o paciente tem liberdade de escolher o laboratório em que quer fazer seus exames. Porém, deve saber que o médico não é o garante do laboratório e nem pode ser obrigado a ressarcir dano provocado por aquele. Contudo, quando o resultado apresentado pelo laboratório for impreciso e indeterminado ou estiver incompatível com o quadro clínico do paciente, a prudência aconselha o médico pedir novo exame e, se for o caso, indicar laboratório da sua confiança para a contraprova. Com tal atitude não estará desrespeitando a ética porque, antes de qualquer coisa, tem o dever de zelar pelo paciente e, também, pelo próprio nome profissional. O que não pode é dizer que só aceita exames efetuados em determinado laboratório. Agindo imprudentemente e vindo a prejudicar o doente baseado no resultado incorreto ou, se por conta disso, incorrer em erro, responderá pela indenização juntamente com o laboratório.

Informações inconclusivas quanto à determinada moléstia não geram responsabilização. Apesar disso, contudo, quando o resultado falso-positivo para teste de determinada doença for provável, demonstra elementar precaução a recomendação de repetir o exame ou realização da contraprova do resultado anterior.

A responsabilidade civil do hospital é objetiva: independe da existência da culpa. Como consequência tem o dever de ressarcir os efeitos decorrentes das deficiências ou falhas verificadas nos exames laboratoriais realizados no âmbito hospitalar. Por conseguinte, haverá responsabilidade solidária da operadora de plano de saúde pela má execução daqueles serviços fornecidos nos hospitais por ela credenciados.

Cabe ao médico que solicitou o exame interpretar os resultados e verificar a relação com os dados clínicos do doente. Portanto, será da análise correta daqueles resultados e das reflexões tiradas da experiência adquirida no exercício do seu trabalho é que o conduzirão ao diagnóstico. Observadas anomalias, o doente tem o direito de ser informado. Resultados interpretados por leigos, pacientes ou familiares, podem levar a conclusões equivocadas, quando não precipitadas, e, obviamente, afastam incriminação do laboratório que os forneceu.

A dignidade da pessoa humana e a inviolabilidade da sua intimidade e vida privada estão garantidas constitucionalmente (CF, art. 1º, III e art. 5º, X), assim sendo, a invasão, ainda que sem intenção, na privacidade do indivíduo sem a sua autorização ou a de seus familiares, acarreta o dever de indenizar quando produzir dano patrimonial ou moral.

Por conseguinte, afora garantir a segurança dos serviços que prestam, os laboratórios devem, então, estar conscientes que também têm a responsabilidade de proteger as informações confidenciais do doente e, ainda, absterem-se de enviar resultados para o seu domicílio utilizando envelopes com janela transparente, os quais permitem ver o conteúdo. São informações pessoais reservadas unicamente ao enfermo.

25

FARMÁCIAS, FARMACÊUTICOS E RESPONSABILIDADES

A Lei 13.021, de 08.8.2014 dispõe sobre o exercício e fiscalização das atividades farmacêuticas e ao mesmo tempo define farmácia como unidade de prestação de serviços destinada a prestar assistência farmacêutica, assistência à saúde e orientação sanitária individual e coletiva, classificando-as, segundo a natureza, em farmácia sem manipulação ou drogaria (estabelecimento de dispensação e comércio de drogas, medicamentos, insumos farmacêuticos e correlatos em suas embalagens originais) e farmácia com manipulação (estabelecimento de manipulação de fórmulas magistrais e oficinais, de comércio de drogas, medicamentos, insumos farmacêuticos e correlatos, dispensação e atendimento privativo de unidade hospitalar ou de qualquer outra equivalente de assistência médica). Seja qual for a finalidade, seu funcionamento exige, dentre outras coisas, a presença permanente de farmacêutico durante todo o horário de atendimento. Este profissional age solidariamente com o proprietário do estabelecimento e tem de realizar todos os esforços para promover o uso racional de medicamentos. O Ministério da Saúde considera dispensação o ato farmacêutico de proporcionar um ou mais medicamentos a paciente, geralmente como resposta à apresentação de receita elaborada por profissional autorizado que informará e indicará o uso adequado do medicamento.

Ao prever que passa a ser destinada a dar assistência farmacêutica, assistência à saúde e orientação sanitária individual e coletiva, transformou-a em prestadora de serviços de saúde deixando de considerá-la mero estabelecimento comercial.

Nas palavras da lei, entende-se por assistência farmacêutica o conjunto de ações e serviços que visem assegurar terapêutica integral e a promoção, a proteção e a recuperação da saúde nos estabelecimentos públicos e privados que desempenhem atividades farmacêuticas, tendo o medicamento como insumo essencial e visando ao seu acesso e ao seu uso racional (L.13.021/2014, art.2º).

Farmácias, drogarias, estabelecimentos em geral que aviam receitas, farmacêuticos, responsáveis técnicos, proprietários dos estabelecimentos e quem quer que comercialize medicamentos ou substâncias medicinais, estão obrigados a reparar os danos consequentes do fornecimento de produto errado, trocado ou diferente do prescrito.

O farmacêutico, tanto atuando como sócio ou participante de pessoa jurídica destinada a comercializá-los, como individual ou autonomamente, sempre precisa ser visto como importante auxiliar da atividade médica, executor de prescrições. Dentre suas atribuições tem, por dever de ofício, de responsabilizar-se pelos atos próprios da formação técnica; impedir a venda de produtos sem receitas ou vencidos; orientar e esclarecer sobre o uso correto, modo de utilização e possíveis efeitos colaterais do medicamento; preparar e fornecê-los conforme as prescrições e/ou fórmulas estabelecidas.

Receita é a indicação dos medicamentos a serem tomados, acompanhada das orientações de uso. Mal aviada pode provocar inúmeros malefícios e até levar à morte se o uso e a dose forem errados. Conforme a destinação do medicamento, grau de periculosidade, restrição, controle de uso, as receitas são identificadas nas cores branca, azul, amarela.

Há disposições legais impondo que somente devem ser aviadas quando estiverem escritas em vernáculo, por extenso e de maneira legível, observadas a nomenclatura e o sistema de pesos e medidas oficiais; tiverem o nome e endereço do paciente e o modo de usar a medicação; a data e a assinatura do médico, seguidas do número da inscrição no respectivo Conselho profissional, endereço do consultório ou da residência (art. 35, Lei n. 5.991/1973).

Legislação do Estado de São Paulo inclui entre os direitos do paciente, receber as receitas com o nome genérico das substâncias prescritas datilografadas, digitadas ou que possam ser lidas com facilidade, sem códigos nem abreviaturas, com o nome, assinatura e número de registro do médico no órgão de controle da profissão (art. 2º, X, Lei n. 10.241/1998).

Considerando que medicamentos são produtos perigosos quando deixam de ser bem empregados, se a letra do emissor impedir a leitura correta, gerar dúvidas de interpretação sobre o medicamento, uso e doseamento ou revelar outras deficiências e, mesmo assim, a venda for realizada, o fornecedor assume o risco de danos à saúde da pessoa por ter agido culposamente.

O Conselho Federal de Farmácia passou a permitir ao farmacêutico legalmente habilitado, significa dizer registrado no Conselho Regional de Farmácia da sua jurisdição, prescrever medicamentos não tarjados e que não exijam receita médica (CFF Resolução n. 586/2013). No entanto, caso a prescrição estiver incorreta, as consequências recairão sobre ele.

São direitos básicos do consumidor entre outros: a proteção da vida, saúde e segurança contra riscos decorrentes da venda de produtos. De modo que os que comercializam medicamentos ou manipulam fórmulas, respondem independentemente de culpa pelo prejuízo causado, inclusive por informações insuficientes ou inadequadas sobre a utilização e riscos.

Trata-se, portanto, de responsabilidade objetiva, a qual independe de culpa, tal e qual consagrado em vários momentos na legislação consumerista (CDC, art. 6º e art. 14): para o pedido de indenização, bastará a demonstração do dano sofrido em razão do medicamento erroneamente vendido ou da falta de informações corretas. De nada valerá ao fornecedor alegar não ter agido culposamente para excluir a responsabilidade.

Demais disso, o Código Civil contém norma de caráter geral, responsabilizando o empregador por seus empregados pela reparação civil no exercício do trabalho que lhes competir.

Em outras palavras, o farmacêutico e o proprietário do estabelecimento respondem solidariamente pelos erros e enganos de seus prepostos. A ação de indenização pode ser proposta contra a pessoa jurídica do empregador, contra o farmacêutico ou contra ambos.

Como advertência, merece ser mencionada a decisão do Tribunal de Justiça de Minas Gerais que, ao julgar recurso envolvendo ingestão de produto vendido erradamente, considerou que, embora o consumidor tenha concorrido com culpa para o resultado danoso por não ter observado a descrição do rótulo na embalagem do remédio antes de ingeri-lo, a culpa da fornecedora ficou evidenciada pelo fato do consumidor ter sido levado pela boa-fé e presumido a idoneidade do serviço prestado por aquela (TJMG – Ap. cív. n. 2.000.00.502141-4/000 – 17ª Câm. – Rel. Walter Pinto da Rocha – j: 19.12. 2005, v.u.).

Sugerir a troca de medicamento receitado por outro, pode acarretar responsabilidade se da prática resultar dano. Além disso, a legislação penal estabelece pena de detenção de um a três anos ou multa àquele que fornecer medicamento em desacordo com receita médica.

Farmacêuticos e médicos não podem praticar concomitantemente a profissão. Devem optar por uma e solicitar o licenciamento ou o cancelamento do registro perante o conselho respectivo. Os Conselhos de Farmácia possuem atribuição para fiscalizar a referida hipótese.

Não é demais acrescentar que o médico deve se abster de indicar ou dar preferência à determinada farmácia mesmo a pedido do paciente, pois dessa forma afastará desconfianças e comentários desairosos. Com tal atitude manterá o bom conceito quanto ao comportamento ético aos olhos da comunidade e do enfermo.

Tão pouco deve obter vantagem direta ou indireta, seja de que natureza for, pela comercialização de medicamentos, e exercer a profissão com interação ou dependência de farmácia, indústria farmacêutica, óptica ou qualquer organização destinada à fabricação, manipulação, promoção ou venda de produtos de prescrição médica.

26
PACIENTE MENOR, ADOLESCENTE E SIGILO MÉDICO

Informações dadas pelos pacientes ao médico possuem caráter confidencial e só podem ser utilizadas para beneficiar o doente.

O sigilo tem por finalidade resguardar a intimidade da pessoa. Apenas em circunstâncias muito especiais admite-se a quebra: dever legal, autorização do enfermo, defesa do médico. A não ser em hipóteses como essas, recaem sobre o transgressor sanções de natureza civil, penal e administrativa.

No caso de menor de idade permite-se comunicar os pais e, se o paciente não tiver capacidade de discernir ou as informações puderem lhe causar dano, ao representante legal.

A palavra juventude costuma ser empregada para indicar o período de transição entre a infância e a maioridade. De acordo com essa concepção, corresponde ao momento em que o ser humano passa por transformações físicas, sociais e psicológicas. Tais transformações, somadas às variações genéticas e influências sócio ambientais, variam de indivíduo a indivíduo conforme o peso maior ou menor que exercem em cada um.

Segundo a OMS, a adolescência vai dos 10 aos 19 anos. No Brasil, considera-se criança para efeitos legais a pessoa de até 12 anos de idade incompletos e adolescente aquela entre 12 e 18 anos (ECA, Lei 8.069 de 13.7.1990, art. 2º).

Não é por estarem incluídas em uma ou em outra faixa etária, que criança e adolescente não têm direito à liberdade, ao respeito e à dignidade como seres humanos que são. Portanto, não será o fato de se encontrarem em situação transitória de desenvolvimento que afasta a proteção dos direitos civis e sociais a eles garantidos constitucionalmente e nas leis ordinárias: inviolabilidade da integridade física, psíquica e moral, preservação da imagem, da identidade, da autonomia, dos valores, ideias e crenças, dos espaços e pertences.

Assim, qualquer ato discriminatório impedindo-os de exercer direitos, bem como de ter presente um responsável ao seu lado enquanto submetido a serviços e tratamentos de saúde, constitui lesão às leis que os protegem. Uma informação importante que nem todos sabem e alguns profissionais desconhecem ou desrespeitam: o ECA impõe aos estabelecimentos de atendimento à saúde garantir a um dos pais ou responsável os meios adequados para permanecer em tempo integral com a criança ou adolescente nos casos de internação, por conseguinte, até na UTI (art.12).

Em princípio é preciso encarar o adolescente como um indivíduo capaz, responsável pela sua saúde e próprio corpo. Contudo, estimulá-lo a fazer com que os familiares participem de seus problemas e conflitos íntimos, certamente o ajudará a passar por cima das adversidades.

As inegáveis particularidades da relação médico-paciente nessa etapa da vida, obriga o militante da saúde a observar certas diretrizes éticas no atendimento do adolescente. Isso levou ao surgimento da hebiatria.

A título de ilustração, a hebiatria, também chamada de medicina do adolescente, é a parte da medicina voltada ao tratamento da saúde do adolescente e doenças próprias surgidas nessa fase em que aconselhamentos e ajuda emocional são igualmente necessários. A palavra deriva do nome da deusa grega da juventude, Hebe, à qual a mitologia atribuía a virtude da eterna juventude.

Não é de hoje que o Conselho Federal de Medicina (CFM) e a Sociedade Brasileira de Pediatria (SBP) tratam a adolescência no campo da pediatria, especialidade essa, como não se ignora, destinada em seu amplo aspecto a, também, atender recém-nascidos e crianças.

Porém, a consulta do médico hebiatra realiza-se de forma diferente da consulta do médico pediatra. Nesta, os pais ou representante legal geralmente permanecem com o paciente no decorrer. Na outra, quase sempre ficam junto com o paciente durante a primeira consulta, ocasião em que são colhidos elementos para avaliar tudo o que influencia ou que pode influenciar na saúde e qualidade de vida do adolescente: comportamento no ambiente familiar e escolar, hábitos alimentares, preferências, relacionamentos sociais, etc. Nas consultas subsequentes admite-se que o jovem passe a ser atendido sozinho para ter a liberdade de expor sem receio, acanhamento ou constrangimentos as dúvidas, confidências e problemas que não deseja que a família saiba. A partir daí, somente se o paciente aceitar, o profissional poderá romper o sigilo e manter os pais informados.

Seja para consultas, seja para realização de exames ou administração de medicamentos, o atendimento de menor desacompanhado deve obedecer os preceitos éticos balizadores da profissão e as normas da legislação própria.

Vêm a propósito estas considerações dos Departamentos de Bioética e Adolescência da Sociedade de Pediatria de São Paulo e da Sociedade Brasileira de Pediatria, bastante esclarecedoras:

1. O médico deve reconhecer o adolescente como indivíduo progressivamente capaz e atendê-lo de forma diferenciada.
2. O médico deve respeitar a individualidade de cada adolescente, mantendo uma postura de acolhimento, centrada em valores de saúde e bem-estar do jovem.
3. O adolescente, desde que identificado como capaz de avaliar seu problema e de conduzir-se por seus próprios meios para solucioná-lo, tem o direito de ser atendido sem a presença dos pais ou responsáveis no ambiente da consulta, garantindo-se a confidencialidade e a execução dos procedimentos diagnósticos e terapêuticos necessários. Dessa forma, o jovem tem o direito de fazer opções sobre procedimentos diagnósticos, terapêuticos ou profiláticos, assumindo integralmente seu tratamento. Os pais ou responsáveis somente serão informados sobre o conteúdo das consultas, como por exemplo, nas questões relacionadas à sexualidade e prescrição de métodos contraceptivos, com o expresso consentimento do adolescente.
4. A participação da família no processo de atendimento do adolescente é altamente desejável. Os limites desse envolvimento devem ficar claros para a família e para o jovem. O adolescente deve ser incentivado a envolver a família no acompanhamento dos seus problemas.

5. A ausência dos pais ou responsáveis não deve impedir o atendimento médico do jovem, seja em consulta de matrícula ou nos retornos.
6. Em situações consideradas de risco (por exemplo: gravidez, abuso de drogas, não adesão a tratamentos recomendados, doenças graves, risco à vida ou à saúde de terceiros) e frente à realização de procedimentos de maior complexidade (por exemplo, biópsias e intervenções cirúrgicas), torna-se necessária a participação e o consentimento dos pais ou responsáveis.
7. Em todas as situações em que se caracterizar a necessidade da quebra do sigilo médico, o adolescente deve ser informado, justificando-se os motivos para essa atitude.

Nos casos de urgência e emergência, como no de comparecimento voluntário aos serviços de assistência, torna-se obrigação atender o menor a fim de preservar ou evitar agravamento do estado de saúde. Logo após, pais ou responsáveis serão cientificados.

Quando envolver risco de vida, condutas de maior complexidade ou que possam afetar a saúde de terceiros, é indispensável pais ou responsáveis serem previamente informados e o profissional obter o consentimento a fim de resguardar a responsabilidade.

Embora um tanto distante do tema central, é útil acrescentar que a Resolução CFM n. 1.658/2002, normatizadora da emissão de atestados médicos determina a apresentação da prova de identidade do interessado. Tratando de menor ou interdito, a prova deve ser exigida do responsável legal.

Convém alertar que o ECA considera infração administrativa os profissionais de saúde deixarem de comunicar à autoridade competente, os casos que tiverem conhecimento envolvendo suspeita ou confirmação de maus-tratos contra criança ou adolescente. A pena é de multa de três a vinte salários de referência, dobrada em caso de reincidência (ECA, art. 245).

27
HONORÁRIOS MÉDICOS

Honorários são pagamentos devidos aos profissionais que trabalham por conta própria pelos serviços realizados.

Os médicos inscritos nos Conselhos Regionais de Medicina têm plena liberdade para estabelecer a remuneração como lhes convêm. Tendo em conta que a tabela de honorários da Associação Médica Brasileira apenas serve de recomendação, sua inobservância não constitui infração ética.

A atividade médica envolve obrigação de meios de maneira que os honorários são ajustados pelo ato médico praticado, e não pelo resultado alcançado. Vedado subordiná-los ao êxito do tratamento ou à cura.

Como em todas as atividades, o profissional tem direito à perceber remuneração digna, condizente com os valores sociais do seu ofício e da livre iniciativa.

Antigas normas éticas – Código de Deontologia Médica de 1945 – indicavam com exagerada minúcia as regras para estabelecimento e cobrança dos honorários. Atualmente as disposições não são tão rígidas contudo, mesmo pressupondo que maior disponibilidade tem um preço, cabe ao profissional observar como norma de conduta os parâmetros do CEM, estabelecendo-os de forma justa de acordo com as possibilidades econômicas do paciente sem, todavia, transformá-los em vis, extorsivos ou meio de tirar proveito da doença, da adversidade e do sofrimento. Para isso, especialmente quando chamado a atender em domicílio, levará em conta os costumes do lugar, as condições sociais do doente, seu estado de saúde, a complexidade e importância da assistência a ser dada.

O bom profissional não disputa, induz ou assedia clientes de colegas. Mais ainda, não negocia valores para prestar serviços com a intenção de conseguir clientela. Desagradável ouvir comentários sobre profissionais que agem com o mau hábito de, seja qual for o argumento, insinuar-se junto a pacientes de outros.

Participar, direta ou indiretamente, de qualquer espécie de promoção, oferecer abatimento de honorários, fazer ou permitir publicidade de oferta de procedimentos financiados ou em prestações ou, ainda, mediante fornecimento de cupons e de cartões de concessão de descontos, são faltas éticas disciplinares muito sérias. A Medicina, como dizia o Professor Flamínio Fávero, não é mercadoria que se compra e vende, nem negócio mais ou menos lucrativo conforme o tino comercial de quem o exerce. Não pode, sob qualquer circunstância ou forma, ser exercida mercantilmente ou como comércio.

Os honorários podem ser cobrados antes, durante ou depois do ato que o motivar. O importante é serem ajustados previamente com o paciente ou familiares e, quando for o caso, com informações sobre custos dos procedimentos, ainda que estimados.

O fornecimento de atestados, além de ser direito do paciente, constitui parte integrante do ato médico. Por isso não deve ser motivo de exigência de pagamentos, menos ainda de acréscimos nos honorários. Inadmissível, por outro lado, cobrar quando o doente deixa de comparecer em consultas ou atendimentos pré-agendados.

A consulta pode estar concluída ou não em um único momento. Havendo necessidade de continuação para a realização de exames, a respectiva análise ocorrerá oportunamente a critério do médico, no entanto, sem honorários. Porém, se forem constatados sinais ou sintomas não específicos de doença distinta da encontrada anteriormente, novos honorários poderão ser cobrados considerando tratar-se de outro ato profissional. Alimentar retornos desnecessários com intuito de gerar novas cobranças é artifício desonesto.

Procedimentos destinados a corrigir, reparar ou atenuar algum dano causado por erro ou falha médica, não devem ser cobrados porque, embora a atividade médica seja de meios, o resultado indesejado decorreu do serviço realizado inadequadamente.

Impróprio exigi-los quando a cobertura e responsabilidade de pagamento estiverem a cargo de seguros ou convênios de saúde. Inviável, também, o profissional credenciado pelo plano de saúde pedir honorários extras de quem possui cobertura ampla para realizar procedimento cirúrgico seja pequeno, médio ou de grande porte. Se cobrados, o paciente terá direito ao reembolso. Igual atitude se espera nas situações de atendimento emergencial, na medida em que estas já trazem em si o dever legal de assistência e prestação de socorro a quem precisar.

Se o estado do paciente reclamar a cooperação de mais de um profissional, o doente e familiares têm o direito de saberem quanto caberá a cada um. Na hipótese do valor global constar em documento ou nota fiscal únicos, as respectivas partes deverão estar discriminadas.

Diga-se, a propósito, que é costume o chefe de equipe cirúrgica que contrata com o paciente ou com os familiares, assumir as atribuições de fixar os honorários, recebê-los, cobrá-los e distribuí-los entre os membros.

Mesmo sendo praxe profissional reconhecida, doentes, familiares ou representantes legais precisam ser avisados antecipadamente pelo titular de equipe médica de que ele receberá diretamente os honorários pertencentes aos seus auxiliares ou aos integrantes de juntas médicas.

Nas internações hospitalares é comum perguntar quanto vão custar os serviços médicos. Se não forem bem esclarecidos e combinados com antecedência, poderá haver recusa de pagar causando desentendimentos, contrariedades e aborrecimentos ao profissional e aos interessados.

Anote-se que os hospitais não podem cobrar ou consentir sejam cobrados de pacientes internados conveniados a planos de saúde, valores adicionais a título de atendimentos realizados fora do horário comercial por seu corpo médico.

Não pagos os honorários, a cobrança amigável é sempre preferível. Demandas não são o melhor caminho: acertos, mediações, conciliações sempre evitarão significativa perda de tempo, despesas e desgastes desnecessários à figura do médico e às partes.

Recorrer à via judicial é lícito e ético, mas sem prejudicar o sigilo médico. Não é demais informar que o prazo para ajuizar ação de cobrança de honorários médicos prescreve em cinco anos, contados da conclusão dos serviços ou da cessação do contrato celebrado com o profissional.

Nem todos sabem que o Seguro de Danos Pessoais Causados por Veículos Automotores de Vias Terrestres – DPVAT, além de garantir indenização em caso morte ou invalidez permanente a todos os cidadãos: motoristas, proprietários de veículos, crianças, idosos, passageiros e pedestres vítimas de acidentes de trânsito, garante, ainda, o reembolso de despesas médicas e hospitalares comprovadas, incluindo nas verbas indenizáveis os honorários médicos (STJ – REsp n. 1.320.851 – 3ª Turma – Rel. Min. Paulo de Tarso Sanseverino – j: 13.9.2014, v.u.)

28
SOCIEDADES DE MÉDICOS

As pessoas que exercem atividade intelectual, científica, literária ou artística podem colaborar profissionalmente entre si unindo-se em sociedade menos complexa e mais ágil.

Surge então a sociedade simples, pessoa jurídica, ente abstrato com vida própria, personalidade, direitos e responsabilidades distintas dos indivíduos que a compõe, permitindo tratamento tributário menos oneroso do que quando o trabalho é desenvolvido individual e autonomamente. Além disso, proporciona maior oferta de serviços às empresas que, cada vez mais, preferem contratar pessoas jurídicas para reduzir seus encargos trabalhistas e previdenciários.

A lei civil considera empresário quem desempenha habitualmente atividade econômica organizada, destinada a produzir ou circular bens ou serviços e não empresário, quem pratica profissão intelectual de natureza científica, literária ou artística ainda que com o concurso de auxiliares ou colaboradores, a menos que o exercício tenha em si algum elemento identificador de atividade empresarial.

Mesmo com a conotação de simples é possível constituir sociedade não empresária com diferentes características. Porém, os objetivos sociais devem, de alguma forma, enquadrar-se no campo de atuação dos sócios seja ele intelectual, científico, literário ou artístico. Se porventura identificar atos de natureza empresarial e propósito de lucro, a pessoa jurídica perde a qualidade de simples e passa a ser considerada empresária, recaindo sobre ela as obrigações sociais e tributárias pertinentes.

Serviços médicos são produtos do intelecto. Consequentemente, no rigor da lei, não se confundem com a atividade empresarial.

A despeito das sociedades simples serem no mais das vezes uniprofissionais, permite-se estabelecer esse modelo com pessoas possuidoras de formação técnica-científica diversificada. A implicação é de natureza tributária. Melhor dizendo: constituir sociedade com profissionais de categoria profissional diferente, ainda sendo parentes entre si, significa maiores ônus fiscais. O regime tributário jurídico diferenciado beneficia apenas as sociedades formadas exclusivamente por profissionais que exercem atividades de igual natureza.

No caso de sociedade entre médicos e profissionais de outras áreas da saúde – nutricionistas, enfermeiros, fisioterapeutas, osteopatas, fonoaudiólogos, psicólogos, biomédicos, farmacêuticos, entre outros – o destaque no objeto social de que a finalidade será, tão e só, o desempenho de serviços em medicina, assegura a desconsideração da natureza empresarial da sociedade.

Não há norma específica exigindo unicamente a participação de médicos na sociedade, entretanto, como somente estes respondem por violações éticas, ideal será que apenas eles a componham. É que outros profissionais, embora ligados à saúde, estão desobrigados às normas médicas de conduta e podem pretender explorá-la economicamente sem nenhuma consequência de ordem ética. Vale lembrar que a Medicina não pode, sob nenhum pretexto ou forma, ser praticada como comércio ou mercantilmente. Menos ainda o trabalho do médico ser explorado com intuito de lucrar.

O Código de Ética Médica preconiza que a atividade médica individual não caracteriza relação de consumo dada a sua natureza personalíssima. Contudo, a doutrina interpreta que pessoas jurídicas formadas por médicos com outros profissionais fazem, uns e outros, perderem o privilégio de tratamento dado aos liberais passando a encará-los como fornecedores normais de serviços sujeitos, portanto, às regras do CDC.

As sociedades simples podem ser formadas com sócios de duas categorias, sem prejuízo dos direitos que cabem aos sócios em geral: os fornecedores de recursos para a formação do capital social e os que concorrem somente com o trabalho, conhecimentos, experiências, etc. Os primeiros são denominados patrimoniais, de capital ou investidores, os segundos prestadores de serviços. Estes não percebem remuneração, apenas participam dos resultados sociais. Significa dizer que nada perceberão se forem negativos. Geralmente o capital social é dividido entre os sócios patrimoniais em quotas de valores iguais, no entanto nada impede que uns possuam mais quotas do que outros.

Todos, indistintamente, patrimoniais e de serviços, devem contribuir efetivamente com o trabalho para a realização dos fins sociais.

No que toca ao aspecto formal, a sociedade simples pode ser constituída por contrato escrito, particular ou público, com dois ou mais participantes, pessoas naturais ou jurídicas, e dispor o que desejarem. A lei obriga que o documento contenha os seguintes elementos: nome, nacionalidade, estado civil, profissão e residência dos sócios, se pessoas naturais, e a firma ou a denominação, nacionalidade e sede dos sócios, se jurídicas; denominação, objeto, sede e prazo de duração da sociedade; capital expressado em moeda corrente, podendo compreender qualquer espécie de bens suscetíveis de avaliação pecuniária; a quota de cada sócio no capital social e o modo de realizá-la; as prestações a que se obriga o sócio cuja contribuição consistir em serviços; as pessoas naturais incumbidas da administração da sociedade, seus poderes e atribuições; quem a representará em juízo ou fora dele; a participação de cada sócio nos lucros e nas perdas; a responsabilidade, subsidiária ou não, dos sócios pelas obrigações sociais. Não é obrigatório fazer referência expressa de que se trata de sociedade simples, mas declaração nesse sentido representa cautela recomendável – veja em Apensos uma sugestão de contrato de sociedade para prestação de serviços médicos.

Aconselhável optar por estrutura societária de acordo com os objetivos buscados. Modelos societários complexos reclamam organizações administrativas mais sofisticadas e, consequentemente, maiores despesas.

Pessoa natural não é pessoa jurídica. O Código Civil, com o intuito de limitar a responsabilidade e proteger o patrimônio da pessoa física, a partir de 2011 instituiu a Empresa Individual de Responsabilidade Limitada (art. 980 -A), pessoa jurídica constituída por uma única pessoa, titular da totalidade do capital social. Essa nova modalidade exige um capital mínimo, equivalente ao montante de

100 vezes o maior salário mínimo vigente no país. E, para que haja efetiva limitação da responsabilidade pessoal do titular, o capital precisa estar devidamente integralizado e a sigla EIRELI constar expressamente logo após a denominação social ou firma. Além disso, quem a constituir não pode figurar em outra e suas regras, no que for aplicável, seguem as mesmas das sociedades limitadas.

Uma vez regularmente constituída, os encargos tributários e as contribuições sociais pertinentes recaem apenas sobre a pessoa jurídica, o que representa significativa diminuição da carga tributária para o profissional.

Sociedades sem caráter empresarial não precisam ter os atos societários –contrato constitutivo, alterações, averbações, acordos entre sócios, etc. – registrados no Registro Público de Empresas Mercantis como sói acontecer com as empresárias. Os atos são assentados no Registro Civil de Pessoas Jurídicas do local da sede.

Convém observar que a Lei n. 6.839, de 30.12.1980, dispõe que os assentamentos de empresas e a anotação dos profissionais legalmente habilitados delas encarregados, serão obrigatórios nas entidades competentes para a fiscalização do exercício das diversas profissões, em razão da atividade básica ou em relação àquela pela qual prestem serviços a terceiros.

29
ALGUMAS LEIS QUE FAVORECEM ENFERMOS, DEFICIENTES, MULHER E IDOSO

Assistência à saúde da mulher:

Lei n. 9.797, de 6.5.1999 – Dispõe sobre a obrigatoriedade da cirurgia plástica reparadora da mama pela rede de unidades integrantes do Sistema Único de Saúde – SUS nos casos de mutilação decorrente de tratamento de câncer.

Lei n. 10.223, de 15.5.2001 – Altera a Lei n. 9.656, de 3 de junho de 1998, para dispor sobre a obrigatoriedade de cirurgia plástica reparadora de mama por planos e seguros privados de assistência à saúde nos casos de mutilação decorrente de tratamento de câncer.

Lei n. 11.664, de 29.4.2008 – Dispõe sobre a efetivação de ações de saúde que assegurem a prevenção, a detecção, o tratamento e o seguimento dos cânceres do colo uterino e de mama, no âmbito do Sistema Único de Saúde – SUS.

Atendimento e Internação Domiciliares:

Lei municipal n. 15.447, de 26.9.2011 (São Paulo) – Dispõe sobre o Programa Hospital Domiciliar de Atendimento e Internação Domiciliar no Município de São Paulo – PROHDOM e dá outras providências. O programa é destinado a pacientes de todas as idades, moradores no Município de São Paulo. Objetivos entre outros: reduzir o tempo de permanência do paciente no hospital e aumentar a rotatividade dos leitos clínicos e cirúrgicos; evitar hospitalização desnecessária; minimizar riscos de infecção hospitalar; permitir melhores condições para a reintegração do doente no grupo familiar; humanizar o tratamento. Para os efeitos do programa define-se como atenção domiciliar: o termo genérico que envolve ações de promoção à saúde, prevenção, tratamento de doenças e reabilitação desenvolvidas em domicílio; assistência domiciliar: o conjunto de atividades de caráter ambulatorial, programadas e continuadas desenvolvidas em domicílio; internação domiciliar: o conjunto de atividades prestadas no domicílio, caracterizadas pela atenção em tempo integral ao paciente com quadro clínico mais complexo e com necessidade de tecnologia especializada. O Poder Público Municipal poderá utilizar-se dos serviços privados, preferencialmente sem fins lucrativos.

Auxílio doença e aposentadoria por invalidez – Períodos de Carência – Acréscimo no valor da aposentadoria quando é necessária a assistência de outra pessoa:

Lei n. 8.213, de 24.7.1991 – Dispõe sobre os planos de Benefícios da Previdência Social e dá outras providências. O art. 26, II, excepciona o período de carência de 12 contribuições mensais exigidas pelo art. 25 nos casos de segurado que, após filiar-se ao Regime Geral de Previdência Social, for acometido de alguma das doenças e afecções especificadas em lista elaborada pelos Ministério da Saúde e do Trabalho e da Previdência Social a cada 3 anos. O art. 45 dispõe que será acrescido de 25% (vinte e cinco por cento) o valor da aposentadoria do segurado que necessitar da assistência permanente de outra pessoa.

Benefícios Tributários:

Lei n. 7.713, de 22.12.1988 – Altera a legislação do Imposto de Renda e dá outras providências. – Art. 6º Ficam isentos do Imposto de Renda os seguintes rendimentos percebidos por pessoas físicas: (...) XIV – os proventos de aposentadoria ou reforma motivada por acidente em serviço e os percebidos pelos portadores de moléstia profissional, tuberculose ativa, alienação mental, esclerose múltipla, neoplasia maligna, cegueira, hanseníase, paralisia irreversível e incapacitante, cardiopatia grave, doença de Parkinson, espondiloartrose anquilosante, nefropatia grave, hepatopatia grave, estados avançados da doença de Paget (osteíte deformante), contaminação por radiação, síndrome da imunodeficiência adquirida, com base em conclusão da medicina especializada, mesmo que a doença tenha sido contraída depois da aposentadoria ou reforma.ei n. 9.250, de 26.12.1995 – Altera a legislação do Imposto de Renda das pessoas físicas e dá outras providências. (incluiu no art. 30, § 2º, a fibrose cística (mucoviscidose).

Lei n. 13.296, de 23.12.2008 (São Paulo) – Estabelece o tratamento tributário do Imposto sobre a Propriedade de Veículos Automotores – IPVA. É isenta do IPVA a propriedade de um único veículo adequado para ser conduzido por pessoa com deficiência física (art. 13, III).

Lei nº 8.383, de 30.12.1991 – Institui a Unidade Fiscal de Referência, altera a legislação do imposto de renda e dá outras providências – Isenta do IOF as operações de financiamento para a aquisição de automóveis de passageiros de fabricação nacional de até 127 HP de potência bruta (SAE), quando adquiridos por pessoas portadoras de deficiência física, atestada pelo Departamento de Trânsito do Estado onde residirem em caráter permanente (art. 71, IV).

Lei n. 8.989, de 24.2.1995 – Dispõe sobre a Isenção do Imposto sobre Produtos Industrializados – IPI, na aquisição de automóveis para utilização no transporte autônomo de passageiros, bem como por pessoas portadoras de deficiência física e aos destinados ao transporte escolar, e dá outras providências.

Conselho Nacional de Política Fazendária – CONFAZ – Convênio ICMS CONFAZ n. 38, de 30.3. 2012 – Concede isenção do ICMS nas saídas de veículos destinados a pessoas portadoras de deficiência física, visual, mental ou autista.

Deficientes:

Constituição Federal – art. 23, II – Atribui competência comum à União, Estados, Distrito Federal e Municípios para cuidar da saúde e assistência pública, da proteção e garantia das pessoas portadoras de deficiência.

O art. 203, V da CF e o art. 2º, letra e, da Lei n. 8.742, de 7.12.1993 (Lei Orgânica da Assistência Social – LOAS) garantem um salário mínimo de benefício mensal à pessoa com deficiência que comprove não ter meios de prover a própria manutenção ou de tê-la provida por sua família.

Os art. 227, §2º, e o art. 244 da CF estabelecem que a lei disporá sobre a construção e adaptação dos logradouros, edifícios de uso público e veículos de transporte coletivo, a fim de garantir acesso adequado às pessoas portadoras de deficiência.

Emenda Constitucional n. 65, de 13.7.2010 – Modificou a redação do inciso II do § 1º do art. 227 da Constituição Federal para: criação de programas de prevenção e atendimento especializado às pessoas portadoras de deficiência física, sensorial ou mental, bem como de integração social do adolescente e do jovem portador de deficiência, mediante treinamento para o trabalho e a convivência, e a facilitação do acesso aos bens e serviços coletivos, com a eliminação de obstáculos arquitetônicos e de todas as formas de discriminação.

Lei n. 7.853, de 24.10.1989 – Dispõe sobre o apoio às pessoas portadoras de deficiência, sua integração social; sobre a Coordenadoria Nacional para Integração da Pessoa Portadora de Deficiência – CORDE; institui a tutela jurisdicional de interesses coletivos ou difusos dessas pessoas; disciplina a atuação do Ministério Público; define crimes e dá outras providências. (regulamentada pelo Decreto n. 3.298, de 20.12.1999).

Lei de Cotas – O art. 93 da Lei n. 8.213, de 14.7.91, conhecido como lei de cotas para deficientes, estabeleceu para as empresas com cem (100) ou mais empregados, a obrigação de preencherem uma parcela de seus cargos com pessoas portadoras de deficiência.

Lei n. 8.899, de 29.6.1994 – Concede passe livre às pessoas portadoras de deficiência no sistema de transporte coletivo interestadual (regulamentada pelo Decreto n. 3.691, de 20.12.2000).

Lei n. 9.784, de 29.1.1999 – Regula o processo administrativo no âmbito da Administração Pública Federal. Dá prioridade na tramitação, em qualquer órgão ou instância, aos procedimentos administrativos em que figure como parte ou interessado, pessoa com idade igual ou superior a 60 anos, ao portador de deficiência física ou mental, e às pessoas portadoras de tuberculose ativa, esclerose múltipla, neoplasia maligna, hanseníase, paralisia irreversível e incapacitante, cardiopatia grave, doença de Parkinson, espondiloartrose anquilosante, nefropatia grave, estados avançados da doença de Paget (osteíte deformante), contaminação por radiação, síndrome de imunodeficiência adquirida, ou outra doença grave, com base em conclusão da medicina especializada, mesmo que a doença tenha sido adquirida após o início do processo (art. 69 – A, II e IV). A Lei n. 12.008, de 29.7.2009, acrescentou o art. 69 – A.

Lei n. 10.048, de 8.11.2000 – Dá prioridade de atendimento às pessoas que especifica, e dá outras providências Art. 1º As pessoas portadoras de deficiência, os idosos com idade igual ou superior a 60 (sessenta) anos, as gestantes, as lactantes e as pessoas acompanhadas por crianças de colo terão atendimento prioritário, nos termos desta Lei (regulamentada pelo Decreto n. 5.296, de 2.12.2004).

Lei n. 10.098, de 19.12.2000 – Estabelece normas gerais e critérios básicos para a promoção da acessibilidade das pessoas portadoras de deficiência ou com mobilidade reduzida, e dá outras providências (regulamentada pelo Decreto n. 5.296, de 2.12.2004 e Decreto n. 5.626, de 22.12.2005).

Decreto n. 5.296, de 2 de dezembro de 2004 – Regulamenta as Leis ns 10.048, de 8 de novembro de 2000, que dá prioridade de atendimento às pessoas que especifica, e 10.098, de 19 de dezembro de 2000, que estabelece normas gerais e critérios básicos para a promoção da acessibilidade das pessoas portadoras de deficiência ou com mobilidade reduzida, e dá outras providências – O art. 58 dispõe no §1º que a indústria de medicamentos deve disponibilizar, mediante solicitação, exemplares das bulas dos medicamentos em meio magnético, braile ou em fonte ampliada e, no §2º, que os fabricantes de equipamentos eletroeletrônicos e mecânicos de uso doméstico devem disponibilizar, mediante solicitação, exemplares dos manuais de instrução em meio magnético, braile ou em fonte ampliada.

Lei n. 11.126, de 27.6.2005 – Dispõe sobre o direito do portador de deficiência visual de ingressar e permanecer em ambientes de uso coletivo acompanhado de cão-guia (regulamentada pelo Decreto n. 5.904, de 21.9.2006).

Lei n. 12.008, de 29.7.2009 – Dá prioridade de tramitação em todas as Instâncias, aos procedimentos judiciais em que figure como parte ou interessado, pessoa portadora de doença grave, estendendo-se o benefício ao cônjuge, companheiro ou companheira, em união estável (alterou o art. 1.221, A e C, da Lei n. 5.869, de 11.1.1973, antigo Código de Processo Civil; Art. 1048 da Lei n. 13.105, de 16.3.2015, atual CPC).

Decreto municipal n. 53.045, de 26.3.2012 (São Paulo) – Cria a rede de atenção da pessoa com deficiência e promove a organização e regulação dos serviços de saúde para assistência integral à pessoa com deficiência no município de São Paulo.

Lei complementar n. 142, de 8.5.2013 – Regulamenta o § 1º do art. 201 da Constituição Federal, no tocante à aposentadoria da pessoa com deficiência segurada do RGPS (Regime Geral de Previdência Social)

Lei n. 13.146, de 6.7.2015 – Institui a Lei Brasileira de Inclusão da Pessoa com Deficiência (Estatuto da Pessoa com Deficiência) – Contempla a garantia dos direitos das pessoas deficientes em diversos aspectos e com maior abrangência. – Art. 2º Considera-se pessoa com deficiência aquela que tem impedimento de longo prazo de natureza física, mental, intelectual ou sensorial, o qual, em interação com uma ou mais barreiras, pode obstruir sua participação plena e efetiva na sociedade em igualdade de condições com as demais pessoas.

Direitos do Paciente:

Lei n. 10.241, de 17.3.1999 (São Paulo) – Dispõe sobre os direitos dos usuários dos serviços e das ações de saúde no Estado e dá outras providências.

Lei n. 8.742 de 07.12 93 (LOAS) – Dispõe sobre a organização da Assistência Social e dá outras providencias – Garante, entre outras coisas, 1 (um) salário-mínimo de benefício mensal à pessoa com deficiência e ao idoso que comprovem não possuir meios de prover a própria manutenção ou de tê-la provida por sua família (Art. 2 º, letra e).

FGTS - Levantamento dos valores:

Lei n. 8.036, de 11.5. 1990 – Dispõe sobre o Fundo de Garantia do Tempo de Serviço – Art. 20. A conta vinculada do trabalhador no FGTS poderá ser movimentada nas seguintes situações: (...) XI - quando o trabalhador ou qualquer de seus dependentes for acometido de neoplasia maligna. (...) XIII - quando o trabalhador ou qualquer de seus dependentes for portador do vírus HIV; XIV - quando o trabalhador ou qualquer de seus dependentes estiver em estágio terminal, em razão de doença grave, nos termos do regulamento; XV - quando o trabalhador tiver idade igual ou superior a setenta anos.

Idoso:

Constituição Federal – art. 229 – Os pais têm o dever de assistir, criar e educar os filhos menores, e os filhos maiores têm o dever de ajudar e amparar os pais na velhice, carência ou enfermidade. – Art. 230 – A família, a sociedade e o Estado têm o dever de amparar as pessoas idosas, assegurando sua participação na comunidade, defendendo sua dignidade e bem-estar e garantindo-lhes o direito à vida. § 1° - Os programas de amparo aos idosos serão executados preferencialmente em seus lares. § 2° - Aos maiores de sessenta e cinco anos é garantida a gratuidade dos transportes coletivos urbanos.

O art. 203, V da CF e o art. 2°, letra e, da Lei n. 8.742, de 7.12.1993 (Lei Orgânica da Assistência Social – LOAS), garante um salário mínimo de benefício mensal ao idoso que comprove não ter meios de prover a própria manutenção ou de tê-la provida por sua família.

Lei n. 13.105, de 16.3.2015 – Código de Processo Civil – Art. 1048. Terão prioridade de tramitação, em qualquer juízo ou tribunal, os procedimentos judiciais: I – em que figure como parte ou interessado pessoa com idade igual ou superior a 60 (sessenta) anos ou portadora de doença grave, assim compreendida qualquer das enumeradas no art. 6°, inciso XIV, da Lei n° 7.713, de 22 de dezembro de 1988. (...) § 3° Concedida a prioridade, essa não cessará com a morte do beneficiado, estendendo-se em favor do cônjuge supérstite ou do companheiro em união estável.-

Lei n. 10.741, de 01.10.2003 – Dispõe sobre o Estatuto do Idoso e dá outras providências. – Art. 15. É assegurada a atenção integral à saúde do idoso, por intermédio do Sistema Único de Saúde – SUS, garantindo-lhe o acesso universal e igualitário, em conjunto articulado e contínuo das ações e serviços, para a prevenção, promoção, proteção e recuperação da saúde, incluindo a atenção especial às doenças que afetam preferencialmente os idosos.§ 1° A prevenção e a manutenção da saúde do idoso serão efetivadas por meio de: (...) IV - atendimento domiciliar, incluindo a internação, para a população que dele necessitar e esteja impossibilitada de se locomover, inclusive para idosos abrigados e acolhidos por instituições públicas, filantrópicas ou sem fins lucrativos e eventualmente conveniadas com o Poder Público, nos meios urbano e rural; § 2° Incumbe ao Poder Público fornecer aos idosos, gratuitamente, medicamentos, especialmente os de uso continuado, assim como próteses, órteses e outros recursos relativos ao tratamento, habilitação ou reabilitação. § 3º É vedada a discriminação do idoso nos planos de saúde pela cobrança de valores diferenciados em razão da idade. (...) § 6º É assegurado ao idoso enfermo o atendimento domiciliar pela perícia médica do Instituto Nacional do Seguro Social – INSS, pelo serviço público de saúde ou pelo serviço privado de saúde, contratado ou conveniado, que integre o Sistema Único de Saúde - SUS, para expedição do laudo de saúde necessário ao exercício de seus direitos sociais e de isenção tributária. (...) Art. 71. É assegurada prioridade na tramitação dos processos e procedimentos e na execução dos atos e diligências judiciais em que figure como parte ou interveniente pessoa com idade igual ou superior a 60 (sessenta) anos, em qualquer instância. § 2º A prioridade não cessará com a morte do beneficiado, estendendo-se em favor do cônjuge supérstite, companheiro ou companheira, com união estável, maior de 60 (sessenta) anos.

Neoplasia Maligna (câncer):

Lei n. 12.732, de 22.11.2012 – Dispõe sobre o primeiro tratamento com neoplasia maligna comprovada e estabelece prazo para seu início – (...) Art. 2º O paciente com neoplasia maligna tem direito de se submeter ao primeiro tratamento no Sistema Único de Saúde (SUS), no prazo de até 60 dias contados a partir do dia em que for firmado o diagnóstico em laudo patológico ou em prazo menor, conforme a necessidade terapêutica do caso registrada em prontuário médico.

Parturientes:

Lei n. 10.241, de 17.3.1999 (São Paulo) – Dispõe sobre os direitos dos usuários dos serviços e das ações de saúde no Estado e dá outras providências – Art. 2º. São direitos dos usuários dos serviços de saúde no Estado de São Paulo: (...) XVI - ter a presença do pai nos exames pré-natais e no momento do parto.

Lei n. 11.634, de 27.12.2007 – Dispõe sobre o direito da gestante ao conhecimento e a vinculação à maternidade onde receberá assistência no âmbito do Sistema Único de Saúde. – Art. 1º Toda gestante assistida pelo Sistema Único de Saúde - SUS tem direito ao conhecimento e à vinculação prévia à: I - maternidade na qual será realizado seu parto; II - maternidade na qual ela será atendida nos casos de intercorrência pré-natal.

Lei n. 11.108, de 07.4.2005 (conhecida como Lei do Parto) – Altera a Lei n. 8.080, de 19.9.1990, para garantir às parturientes o direito à presença de acompanhante durante o trabalho de parto, parto e pós -parto imediato, no âmbito do Sistema Único de Saúde – SUS.

Lei n. 13.069, de 12.6.2008 (São Paulo) – Obriga os hospitais públicos e privados conveniados ao Sistema Único de Saúde – SUS a informar sobre o direito de acompanhante à parturiente

Lei n. 14.686, de 29.12.2011 (São Paulo) – Dispõe sobre a obrigatoriedade da presença de profissional habilitado em reanimação neonatal na sala de parto em hospitais, clínicas e unidades integrantes do Sistema Único de Saúde – SUS (assegura o direito de assistência à mulher e ao recém-nascido, no momento do parto).

Lei n. 15.562, de 09.9.2014 (São Paulo) – Dispõe sobre a prestação de assistência a parturientes cujos filhos recém-nascidos sejam portadores de deficiência ou patologia.

Lei n. 15.759, de 25.3.2015 (São Paulo) – Assegura o direito ao parto humanizado nos estabelecimentos públicos de saúde do Estado. – Art. 1º Toda gestante tem direito a receber assistência humanizada durante o parto nos estabelecimentos públicos de saúde do Estado. Art. 2º Para os efeitos desta lei, ter-se-á por parto humanizado, ou assistência humanizada ao parto, o atendimento que: I - não comprometer a segurança do processo, nem a saúde da parturiente ou do recém-nascido; II - só adotar rotinas e procedimentos cuja extensão e conteúdo tenham sido objeto de revisão e avaliação científica por parte da Organização Mundial da Saúde – OMS ou de outras instituições de excelência reconhecida; III - garantir à gestante o direito de optar pelos procedimentos eletivos que, resguardada a segurança do parto, lhe propiciem maior conforto e bem-estar, incluindo procedimentos médicos para alívio da dor.

Planos e seguros privados de assistência à saúde:

Lei n. 9.656, de 3.6.1998 – Dispõe sobre os planos e seguros privados de assistência à saúde.

Lei n. 13.003, de 24.6.2014 – Altera a Lei n. 9.656, de 3 de junho de 1998, que dispõe sobre os planos e seguros privados de assistência à saúde, com a redação dada pela Medida Provisória nº 2.177-44, de 24 de agosto de 2001, para tornar obrigatória a existência de contratos escritos entre as operadoras e seus prestadores de serviços.

Portadores de HIV e doentes de AIDS:

Lei n. 7.670, de 8.9.1988 – Estende aos portadores da Síndrome da Imunodeficiência Adquirida – SIDA/AIDS os benefícios que especifica e dá outras providências. – Para os efeitos legais a doença é causa que justifica a concessão de: (i) licença para tratamento de saúde; (ii) aposentadoria; (iii) pensão especial; (iv) auxílio-doença ou aposentadoria, independentemente do período de carência, para o segurado que, após filiação à Previdência Social, vier a manifestá-la, bem como a pensão por morte aos seus dependentes; (v) levantamento dos valores correspondentes ao FGTS, independentemente de rescisão do contrato individual de trabalho ou de qualquer outro tipo de pecúlio a que o paciente tenha direito (art. 1º).

Lei n. 9.313, de 13.11.1996 – Dispõe sobre a distribuição gratuita de medicamentos aos portadores de HIV e doentes de AIDS.

Lei n. 12.984, de 02.6.2014 – Define o crime de discriminação dos portadores do vírus da imunodeficiência humana (HIV) e doentes de AIDS.

Portadores de transtornos mentais:

Lei n. 10.216, de 06.4.2001 – Dispõe sobre a proteção e os direitos das pessoas portadoras de transtornos mentais. Os artigos 6º, 8º e 9º tratam da internação voluntária, involuntária e compulsória determinada pela Justiça.

Proteção à criança e adolescente:

Lei n. 8.069, de 13.7.1990 (ECA) – Dispõe sobre o Estatuto da Criança e do Adolescente, e dá outras providências – O ECA prevê uma série de medidas protetivas à saúde da criança e do adolescente, entre elas: assegura atendimento integral por intermédio do SUS, incluindo fornecimento gratuito aos necessitados de medicamentos, próteses e recursos relativos a tratamento, habilitação ou reabilitação pelo Poder Público; obriga os estabelecimentos de atendimento à saúde proporcionarem condições para permanência em tempo integral de um dos pais ou responsável, nos casos de internação; determina ao

SUS promover programas de assistência odontológica para a prevenção de enfermidades que afetam a população infantil e campanhas de educação sanitária para pais, educadores e alunos (arts. 11, 12 e 14). (o art. 1.048, II, do CPC prioriza a tramitação, em qualquer juízo ou tribunal, dos procedimentos judiciais regulados pelo ECA).

Sistema Único de Saúde (SUS):

Lei n. 8.080, de 19.9.1990 – Dispõe sobre as condições para a promoção, proteção e recuperação da saúde, a organização e o funcionamento dos serviços correspondentes e dá outras providências.

Decreto n. 7.508, de 28.6.2011 – Regulamenta a Lei n. 8.080, de 19 de setembro de 1990, para dispor sobre a organização do Sistema Único de Saúde – SUS, o planejamento da saúde, a assistência à saúde e a articulação interfederativa, e dá outras providências.

BIBLIOGRAFIA

BEVILAQUA Clovis. *Teoria Geral do Direito Civil*. 7ª ed. Livraria Francisco Alves, Editora Paulo de Azevedo, 1955.

CASTRO, João Monteiro de. *Responsabilidade civil do médico*. São Paulo: Método, 2005.

CAVALIERI FILHO, Sérgio. *Programa de Responsabilidade Civil*. 2ªed., Rio de Janeiro: Ed. Malheiros, 2000.

CONSELHO REGIONAL DE MEDICINA DO ESTADO DE SÃO PAULO. *O Controle da Infecção Hospitalar no Estado de São Paulo*. – Vários colaboradores –, 2010

FÁVERO, Flamínio. *Medicina Legal*: deontologia médica e medicina profissional. 7ª ed. 3º vol. São Paulo: Martins, 1962.

GRANDE DICIONÁRIO BRASILEIRO DE MEDICINA: Editora Maltese

HOUAISS, Antônio e Mauro de Salles Villar. *Dicionário da língua portuguesa*. Rio de Janeiro: Objetiva, 2001.

JEOVÁ SANTOS, Antonio. *Dano moral indenizável*. 4ª ed., São Paulo: Editora Revista dos Tribunais, 2003.

JOÃO PAULO II. *O Valor e a Inviolabilidade da Vida Humana, Encíclica "Evangelium Vitae"*, 25.3.1995. http://www.vatican.va.

KFOURI NETO, Miguel. *Culpa Médica e Ônus da Prova*. São Paulo: Revista dos Tribunais, 2002.

__________. *Responsabilidade Civil dos Hospitais*: código civil e código de defesa do consumidor. São Paulo: Revista dos Tribunais, 2010

MORAES, Alexandre de. *Constituição do Brasil interpretada e legislação constitucional*. 6ª ed. atualizada até a EC nº 52/06, São Paulo: Atlas, 2006.

PESSINI Leocir. O Direito de Saber . *Revista Essencial*. São Paulo: YPÊ Editora e Publicidade Ltda., ano 4, n. 21.

PESSINI Leocir, BARCHIFONTAINE Christian de Paul de. *Problemas atuais de Bioética*. 8ª.ed. rev. e ampl. São Paulo: Centro Universitário São Camilo: Edições Loyola, 2008.

POLICASTRO, Décio. *Código de Processo Ético-Profissional Médico e sua Aplicação*. 2ª ed., Belo Horizonte: Del Rey Ltda., 2014.

____________. *Erro médico e suas consequências jurídicas*. 4ª ed. Belo Horizonte: Del Rey Ltda., 2013.

SANTOS, Antonio Jeová. *Dano moral indenizável*. 4ª ed., revista, ampliada e atualizada de acordo com o novo Código Civil. São Paulo: Revista dos Tribunais, 2003.

ZULIANI, Ênio Santarelli. *Inversão do ônus da prova na ação de responsabilidade civil fundada em erro médico*. RT 811/43.

APENSOS

DIÁRIO DE UMA CRIANÇA QUE NÃO CHEGOU A NASCER*

5 de Outubro. Hoje iniciou a minha vida. Papai e mamãe não sabem. Sou menor do que uma cabeça de alfinete e mesmo assim já sou um ser independente. Todas as minhas características físicas e espirituais já estão determinadas. Terei por exemplo, os olhos de meu pai e os cabelos loiros e ondulados de minha mãe. Também já está decidido serei menina.

19 de Outubro. Meus primeiros vasos sanguíneos, minhas veias são formadas. Como meus órgãos ainda não estão completos, mamãe precisa me sustentar com seu metabolismo. Quando tiver nascido somente vou precisar do seu leite por algum tempo.

23 de Outubro. Minha boca está se formando. Daqui a um ano já vou sorrir quando meus pais se debruçarem sobre o meu berço. Minha primeira palavra será mamãe. P.S. A afirmação de que ainda não sou uma pessoa, mas somente parte do corpo de minha mãe, é realmente ridícula! Não tenho nem ao menos o mesmo grupo sanguíneo dela.

25 de Outubro. Meu coração começou a bater. Ele executará sua tarefa sem descanso, até o final de minha vida. É uma grande maravilha.

2 de Novembro. Meus braços e minhas pernas começam a crescer, mas até ficarem totalmente completos e utilizáveis ainda vai passar um bom tempo, mesmo após o meu nascimento.

12 de Novembro. Agora começaram a nascer meus primeiros dedos. Com eles vou conquistar o meu mundo e firmar amizade com outras pessoas.

---

* Autor desconhecido.

20 de Novembro. Hoje o médico disse a minha mãe que ela me leva debaixo do seu coração. Como deve ser grande a sua alegria!

25 de Novembro. Agora já se poderia ver que vou ser menina. Certamente meus pais estão pensando como vão me chamar. Ah se eu pudesse saber.

28 de Novembro. Todos os meus órgãos estão completos. Fiquei muito maior.

10 de Dezembro. Estão nascendo os meus cabelos e minhas sobrancelhas. Como minha mãe ficará feliz com sua filhinha loira.

13 de Dezembro. Logo vou poder ver meus olhos, somente estão fechados porque as minhas pálpebras estão presas. Luzes, cores, flores tudo deve ser maravilhoso! O que mais me deixa feliz é que vou ver minha mãe. Se não demorasse tanto! Ainda faltam seis meses...!

24 de Dezembro. O meu coração está completo. Dizem que há bebês que nascem com o coração doente. Então são feitos enormes esforços para salva-los por meio de operações. Graças a Deus, meu coração é perfeito, vou ser muito forte, todos vão ficar felizes.

28 de Dezembro. Hoje minha mãe me matou . . .

DIRETIVAS ANTECIPADAS DE VONTADE

Nome Completo:	
Estado Civil:	Data do nascimento: Idade:
Lugar do Nascimento:	Documento de Identidade:
Endereço Residencial:	
CEP:	Cidade:
Estado:	País:

Expresso estas diretivas em meu perfeito juízo e claro entendimento, livre e espontaneamente, sem qualquer induzimento, sugestão, constrangimento de quem quer que seja, para o caso de encontrar-me em condição física ou mental de perda temporária ou definitiva da capacidade de discernir ou querer.

Aos meus familiares, médicos e a quem tomar conhecimento desta minha manifestação de vontade saibam que:

1. É meu desejo que: estando em situação de irrecuperabilidade da saúde ou de irreversível terminalidade da vida causada por doença fora de possibilidade terapêutica ou acontecimento de qualquer natureza impedindo-me de decidir, permitir ou recusar tratamentos médicos que somente adiariam a morte prolongando minha existência sem nenhum benefício, sejam cancelados, suspensos ou interrompidos todos os esforços médicos e tratamentos artificiais ou procedimentos invasivos.

2. Achando-me em qualquer daquelas situações desejo apenas ser submetido a tratamentos paliativos para abrandamento da dor, sofrimentos, inquietações, medo dos momentos finais e outros sintomas angustiantes, permitindo-me receber a morte em paz, com serenidade, dignidade e apoio espiritual, na companhia de entes queridos.

3. Ocorrido o falecimento, peço que meu funeral seja realizado de maneira discreta e modesta[1] e, se possível, que meu corpo seja velado em ....[2]

4. Deixo aos meus familiares[3] a decisão de destinar o meu corpo ou qualquer de suas partes, tecidos e órgãos, à doação caritativa ou à ciência.

5. Ficam autorizados a deliberarem sobre o sepultamento ou cremação dos meus despojos, bem como o destino das minhas cinzas[4] e [5].

6. Rogo à minha família, aos médicos que me assistem ou assistirem[6], acatarem, respeitarem e fazerem valer estas minhas vontades, isentando-os de qualquer responsabilidade ética, civil e penal que possam surgir do atendimento destas diretivas.[7]

(Local, data e assinatura do declarante):

Testemunhas e assinaturas[8]:

---

1 Se preferir, acrescentar: sem ostentação, sem enfeites, sem flores, etc.. Caso desejar, esclarecer se com cerimônias de honras fúnebres, ritual de exéquias etc., ou então se é seu desejo que o velório seja dispensado.

2 Mencionar o local que escolher: necrotério do hospital em que falecer, cemitério, capela, entidade, casa de velório ou *funeral home*, etc.

3 Se quiser, indicar o nome de um familiar ou outra pessoa.

4 Como preferir, enterradas em urna cinerária, depositadas em columbário, espalhadas no lugar que indicar – jardim, mar, etc. – ou entregues a certo familiar, pessoa determinada ou representante legal.

5 Se quiser, acrescentar: desejando que meu corpo seja preparado e conservado até a incineração ou o sepultamento, conforme decidirem meus familiares.

6 Se desejar, indicar o nome do médico ou médicos que lhe assistem.

7 Para o caso de não ter familiares: Nomeio para observar estas diretivas, (nome da pessoa e qualificação) autorizando-o consultar documentos médicos, aceitar diagnósticos, decidir, permitir ou recusar tratamentos, ficando os médicos desobrigados de guardar sigilo ao nomeado.

8 Nome legível, estado civil, profissão, documento de identidade, endereço residencial, cidade, país.

INSTRUMENTO PARTICULAR DE CONSTITUIÇÃO DE SOCIEDADE PARA PRESTAÇÃO DE SERVIÇOS MÉDICOS

(DENOMINAÇÃO SOCIAL)

(Nome completo e qualificação dos participantes: nacionalidade, estado civil, profissão, RG, residência e domicilio, município, Estado, CEP, registro no CRM, incluindo, se for o caso o registro de qualificação de especialista – RQE. Não sendo médico algum dos participantes, o número do registro no conselho a que a atividade se subordinar)

ajustaram entre si constituir uma Sociedade Simples para Prestação de Serviços Médicos que se regerá pelas seguintes cláusulas e condições:

CAPÍTULO I
RAZÃO SOCIAL E SEDE

Cláusula 1ª – A razão social adotada é ....

Parágrafo 1º. A Sociedade tem sede na cidade de.........., Estado..........., à Rua............ n. ......, bairro........., CEP ....

Parágrafo 2º. Os sócios poderão deliberar a abertura e o encerramento de filiais em qualquer região do território nacional.

CAPÍTULO II
OBJETO SOCIAL

Cláusula 2ª – A Sociedade tem por finalidade a colaboração recíproca dos sócios na prestação de serviços médicos em geral e em suas respectivas especialidades (ou, na prestação de serviços médicos na especialidade de ....)

CAPÍTULO III
DO CAPITAL SOCIAL

Cláusula 3ª – O capital social é de R$.......... (...), totalmente subscrito e integralizado em moeda nacional, está dividido em ...... quotas no valor de R$....... (...) cada uma, distribuído da seguinte forma:

A) Ao sócio .... cabem ....(...) quotas, perfazendo a quantia de R$ .... (...);

B) Ao sócio .... cabem .... (...) quotas, perfazendo a quantia de R$ .... (...).

CAPÍTULO IV
RESPONSABILIDADE DOS SÓCIOS

Cláusula 4ª – Os sócios respondem subsidiariamente pelas obrigações sociais até o limite do valor das suas quotas e, ilimitadamente, pelos danos causados aos clientes por ação ou omissão no exercício profissional de atos de natureza médica, sem prejuízo do responsável direto pelo ato responder disciplinarmente perante o Conselho Regional de Medicina (e perante o Conselho a que o sócio não médico pertencer).

Parágrafo único. – O sócio responsável pelos prejuízos causados à Sociedade deverá cobrir as perdas sofridas pelos demais sócios de forma integral.

CAPÍTULO V
DA REPRESENTAÇÃO E ADMINISTRAÇÃO DA SOCIEDADE

Cláusula 5ª – A representação e a prática dos atos ordinários da administração dos negócios sociais cabem ao sócio ......, designado Sócio Administrador, que poderá assinar dirigir e obrigar a Sociedade, representá-la em juízo ou fora dele e perante a qualquer autoridade ou órgão administrativo ou não, contratar e distratar a prestação de serviços, emitir faturas ou notas de cobrança por serviços prestados, praticar, enfim, tudo o que for necessário e diga respeito à Sociedade.

Parágrafo 1º. – O Sócio Administrador, poderá constituir procuradores para agir em nome da Sociedade, especificando os poderes outorgados e o prazo de validade da procuração.

Parágrafo 2º. – Os mandatos outorgados com os poderes da cláusula ad judicia, poderão vigorar por prazo indeterminado. Deverão, entretanto, conter a indicação dos fins a que se destinarem e a extensão dos poderes conferidos.

Parágrafo 3º. – Para os atos de administração extraordinários a Sociedade deverá ser representada pelo Sócio-Administrador em conjunto com outro sócio. Entre tais atos, incluem-se:

A) assinatura de contratos obrigando a Sociedade;

B) abertura e encerramento de contas bancárias;

C) aceite de títulos cambiários e comerciais;

D) delegação de funções próprias da administração a profissionais contratados

E) alienação, oneração, cessão e transferência de bens móveis, imóveis e direitos a eles relativos pertencentes à Sociedade.

Parágrafo 4º. – É absolutamente vedado, sendo nulo e ineficaz em relação à Sociedade, o uso da razão social para quaisquer fins e objetivos estranhos às atividades e interesses sociais, notadamente prestação de avais, fianças e outros, mesmo que em benefício dos sócios.

Parágrafo 5º. – Poderá ser atribuído ao Sócio Administrador "pro labore" mensal, fixado de comum acordo com os demais cujo valor será levado à conta das despesas gerais da Sociedade.

CAPÍTULO VI

EXERCÍCIO SOCIAL, BALANÇO E RESULTADO SOCIAIS

Cláusula 6ª – O exercício social coincide com o ano civil. Ao final de cada exercício levantar-se-á um balanço geral da Sociedade para apuração dos resultados e dos prejuízos a serem atribuídos aos sócios, na proporção das suas quotas ou em outra que estabelecerem, após a dedução dos encargos incidentes, na forma da legislação fiscal.

Parágrafo único. A Sociedade poderá apresentar balanços semestrais ou em períodos menores, e distribuir os resultados como os sócios decidirem.

CAPÍTULO VII
DA DURAÇÃO DA SOCIEDADE, MORTE, SAÍDA DE SÓCIO OUTROS EVENTOS. DISSOLUÇÃO. LIQUIDAÇÃO.

Cláusula 7ª – A duração da Sociedade é por tempo indeterminado.

Cláusula 8ª – A morte, incapacidade, insolvência, exclusão, interdição do exercício profissional, perda da inscrição no Conselho Regional de Medicina ou no órgão profissional competente, não implicam na dissolução da Sociedade se os sócios remanescentes resolverem pela continuidade, no prazo de 30 (trinta) dias da data da ocorrência do acontecimento.

Parágrafo 1º. – Deliberada a continuidade, será levantado um balanço especial para apuração do valor que deverá ser pago ao sócio sob as hipóteses acima elencadas, em ...... (......) parcelas, mensais, iguais e sucessivas, devidamente corrigidas pelo mesmo índice aplicável aos ativos sociais, acrescidas de juros de 12% (doze por cento) ao ano, vencendo a primeira parcela ...... (......) dias da assinatura da alteração do contrato social.

Parágrafo 2º. – Decidida a dissolução, a Sociedade será dissolvida e liquidada. O liquidante, sócio ou terceiro, será nomeado pela maioria do capital social.

Parágrafo 3º. – Na hipótese de redução do número de sócios à unipessoalidade, a pluralidade deverá ser reconstituída pelo sócio remanescente, no prazo de até 180 (cento e oitenta) dias da data para a Sociedade não ser dissolvida.

CAPÍTULO VIII
EXCLUSÃO DE SÓCIO

Cláusula 9ª – A exclusão de sócio por qualquer motivo previsto em lei, inclusive em razão da perda da inscrição no Conselho Regional de Medicina ou em órgão profissional competente, será deliberada pela maioria do capital social, precedida de comunicação escrita ao sócio excluído.

Parágrafo único. Para a formação da maioria do capital social, não serão consideradas as quotas do sócio excluído.

CAPÍTULO IX
CESSÃO E TRANSFERÊNCIA DE QUOTAS

Cláusula 10ª – O sócio que pretender ceder ou transferir total ou parcialmente suas quotas, notificará os demais por escrito da sua intenção especificando quantidade, valor e condições de pagamento, bem como o nome do eventual terceiro interessado que precisará atender como requisito essencial, o exercício de atividade profissional compatível com as finalidades sociais de prestação de serviços médicos, a fim de não descaracterizá-la como tal.

Parágrafo Primeiro. – No prazo subsequente de ...... (......) dias, contados do recebimento da notificação, os outros sócios deverão se manifestar e informar se desejam exercer o direito de preferência e/ou se possuem restrição ao ingresso do eventual interessado.

Parágrafo Segundo. – Deixando de ser exercido direito de preferência, não havendo restrição e atendido o requisito essencial mencionado acima, o sócio ofertante estará livre para alienar suas quotas ao terceiro, em iguais condições da oferta.

Cláusula 11 – O sócio que desejar retirar-se da sociedade notificará os demais com a antecedência de até 60 (sessenta) dias e receberá seus haveres apurados de acordo com a Cláusula 7ª, Parágrafo Primeiro.

CAPÍTULO X
DIVERGÊNCIAS E DISPUTAS ENTRE SÓCIOS. FORO CONTRATUAL.

Cláusula 12 – As controvérsias entre os sócios oriundas ou relacionadas a este Contrato serão resolvidas por arbitragem administrada pela Câmara de Mediação, Conciliação e Arbitragem da .... ou de outro órgão ou entidade conforme decidirem de comum acordo.

Cláusula 13 – Fica eleito o Foro da Comarca de .... para decidir qualquer medida cautelar ou de urgência que se verificar, enquanto não for instaurado o Tribunal Arbitral.

CAPÍTULO XI
DISPOSIÇÕES GERAIS

Cláusula 14 – As deliberações sociais serão sempre adotadas por maioria do capital social, valendo cada quota um voto, inclusive para alterações do contrato social.

Parágrafo único. Para a eficácia das alterações contratuais bastarão tantas assinaturas quantas forem necessárias para consubstanciar a maioria exigida, desde que comunicado com antecedência aos demais sócios.

Cláusula 15 – Os honorários recebidos pelos sócios reverterão em benefício da Sociedade e comporão os resultados sociais. Os sócios decidirão entre si os casos em que não reverterão.

Cláusula 16 – Os sócios declaram sob as penas da lei, que não possuem nenhum impedimento que os impeça de participar de sociedades.

Este instrumento de Contrato Social constitutivo de Sociedade Simples é assinado em ...... (......) vias de idêntico teor na presença de duas testemunhas abaixo qualificadas, ficando autorizados os competentes registros.

Cidade e data

(Nome completo e assinatura dos sócios)

Testemunhas:

(Nome legível, assinatura e qualificação completas)

CÓDIGO DE ÉTICA MÉDICA*

PREÂMBULO

I – O presente Código de Ética Médica contém as normas que devem ser seguidas pelos médicos no exercício de sua profissão, inclusive no exercício de atividades relativas ao ensino, à pesquisa e à administração de serviços de saúde, bem como no exercício de quaisquer outras atividades em que se utilize o conhecimento advindo do estudo da Medicina.

II – As organizações de prestação de serviços médicos estão sujeitas às normas deste Código.

III – Para o exercício da Medicina, impõe-se a inscrição no Conselho Regional do respectivo Estado, Território ou Distrito Federal.

IV – A fim de garantir o acatamento e a cabal execução deste Código, o médico comunicará ao Conselho Regional de Medicina, com discrição e fundamento, fatos de que tenha conhecimento e que caracterizem possível infração do presente Código e das demais normas que regulam o exercício da Medicina.

V – A fiscalização do cumprimento das normas estabelecidas neste Código é atribuição dos Conselhos de Medicina, das comissões de ética e dos médicos em geral.

VI – Este Código de Ética Médica é composto de 25 princípios fundamentais do exercício da Medicina, 10 normas diceológicas*, 118 normas deontológicas* e quatro disposições gerais. A transgressão das normas deontológicas sujeitará os infratores às penas disciplinares previstas em Lei.

---

* Resolução CFM n. 1.931, de 17 de setembro de 2009 – Aprova o Código de Ética Médica.
DOU Poder Executivo, 24.9.2009, Seção 1, p. 90-92

* Normas de direitos dos médicos.

* Normas de deveres profissionais do médico.

CAPÍTULO I
PRINCÍPIOS FUNDAMENTAIS

I – A Medicina é uma profissão a serviço da saúde do ser humano e da coletividade e será exercida sem discriminação de nenhuma natureza.

II – O alvo de toda a atenção do médico é a saúde do ser humano, em benefício da qual deverá agir com o máximo de zelo e o melhor de sua capacidade profissional.

III – Para exercer a Medicina com honra e dignidade, o médico necessita ter boas condições de trabalho e ser remunerado de forma justa.

IV – Ao médico cabe zelar e trabalhar pelo perfeito desempenho ético da Medicina, bem como pelo prestígio e bom conceito da profissão.

V – Compete ao médico aprimorar continuamente seus conhecimentos e usar o melhor do progresso científico em benefício do paciente.

VI – O médico guardará absoluto respeito pelo ser humano e atuará sempre em seu benefício. Jamais utilizará seus conhecimentos para causar sofrimento físico ou moral, para o extermínio do ser humano ou para permitir e acobertar tentativa contra sua dignidade e integridade.

VII – O médico exercerá sua profissão com autonomia, não sendo obrigado a prestar serviços que contrariem os ditames de sua consciência ou a quem não deseje, excetuadas as situações de ausência de outro médico, em caso de urgência ou emergência, ou quando sua recusa possa trazer danos à saúde do paciente.

VIII – O médico não pode, em nenhuma circunstância ou sob nenhum pretexto, renunciar à sua liberdade profissional, nem permitir quaisquer restrições ou imposições que possam prejudicar a eficiência e a correção de seu trabalho.

IX – A Medicina não pode, em nenhuma circunstância ou forma, ser exercida como comércio.

X – O trabalho do médico não pode ser explorado por terceiros com objetivos de lucro, finalidade política ou religiosa.

XI – O médico guardará sigilo a respeito das informações de que detenha conhecimento no desempenho de suas funções, com exceção dos casos previstos em lei.

XII – O médico empenhar-se-á pela melhor adequação do trabalho ao ser humano, pela eliminação e pelo controle dos riscos à saúde inerentes às atividades laborais.

XIII – O médico comunicará às autoridades competentes quaisquer formas de deterioração do ecossistema, prejudiciais à saúde e à vida.

XIV – O médico empenhar-se-á em melhorar os padrões dos serviços médicos e em assumir sua responsabilidade em relação à saúde pública, à educação sanitária e à legislação referente à saúde.

XV – O médico será solidário com os movimentos de defesa da dignidade profissional, seja por remuneração digna e justa, seja por condições de trabalho compatíveis com o exercício ético-profissional da Medicina e seu aprimoramento técnico-científico.

XVI – Nenhuma disposição estatutária ou regimental de hospital ou de instituição, pública ou privada, limitará a escolha, pelo médico, dos meios cientificamente reconhecidos a serem praticados para o estabelecimento do diagnóstico e da execução do tratamento, salvo quando em benefício do paciente.

XVII – As relações do médico com os demais profissionais devem basear-se no respeito mútuo, na liberdade e na independência de cada um, buscando sempre o interesse e o bem-estar do paciente.

XVIII – O médico terá, para com os colegas, respeito, consideração e solidariedade, sem se eximir de denunciar atos que contrariem os postulados éticos.

XIX – O médico se responsabilizará, em caráter pessoal e nunca presumido, pelos seus atos profissionais, resultantes de relação particular de confiança e executados com diligência, competência e prudência.

XX – A natureza personalíssima da atuação profissional do médico não caracteriza relação de consumo.

XXI – No processo de tomada de decisões profissionais, de acordo com seus ditames de consciência e as previsões legais, o médico aceitará as escolhas de seus pacientes, relativas aos procedimentos diagnósticos e terapêuticos por eles expressos, desde que adequadas ao caso e cientificamente reconhecidas.

XXII – Nas situações clínicas irreversíveis e terminais, o médico evitará a realização de procedimentos diagnósticos e terapêuticos desnecessários e propiciará aos pacientes sob sua atenção todos os cuidados paliativos apropriados.

XXIII – Quando envolvido na produção de conhecimento científico, o médico agirá com isenção e independência, visando ao maior benefício para os pacientes e a sociedade.

XXIV – Sempre que participar de pesquisas envolvendo seres humanos ou qualquer animal, o médico respeitará as normas éticas nacionais, bem como protegerá a vulnerabilidade dos sujeitos da pesquisa.

XXV – Na aplicação dos conhecimentos criados pelas novas tecnologias, considerando-se suas repercussões tanto nas gerações presentes quanto nas futuras, o médico zelará para que as pessoas não sejam discriminadas por nenhuma razão vinculada a herança genética, protegendo-as em sua dignidade, identidade e integridade.

CAPÍTULO II
DIREITOS DOS MÉDICOS

É direito do médico:

I – Exercer a Medicina sem ser discriminado por questões de religião, etnia, sexo, nacionalidade, cor, orientação sexual, idade, condição social, opinião política ou de qualquer outra natureza.

II – Indicar o procedimento adequado ao paciente, observadas as práticas cientificamente reconhecidas e respeitada a legislação vigente.

III – Apontar falhas em normas, contratos e práticas internas das instituições em que trabalhe quando as julgar indignas do exercício da profissão ou prejudiciais a si mesmo, ao paciente ou a terceiros, devendo dirigir-se, nesses casos, aos órgãos competentes e, obrigatoriamente, à comissão de ética e ao Conselho Regional de Medicina de sua jurisdição.

IV – Recusar-se a exercer sua profissão em instituição pública ou privada onde as condições de trabalho não sejam dignas ou possam prejudicar a própria saúde ou a do paciente, bem como a dos demais profissionais. Nesse caso, comunicará imediatamente sua decisão à comissão de ética e ao Conselho Regional de Medicina.

V – Suspender suas atividades, individualmente ou coletivamente, quando a instituição pública ou privada para a qual trabalhe não oferecer condições adequadas para o exercício profissional ou não o remunerar digna e justamente, ressalvadas as situações de urgência e emergência, devendo comunicar imediatamente sua decisão ao Conselho Regional de Medicina.

VI – Internar e assistir seus pacientes em hospitais privados e públicos com caráter filantrópico ou não, ainda que não faça parte do seu corpo clínico, respeitadas as normas técnicas aprovadas pelo Conselho Regional de Medicina da pertinente jurisdição.

VII – Requerer desagravo público ao Conselho Regional de Medicina quando atingido no exercício de sua profissão.

VIII – Decidir, em qualquer circunstância, levando em consideração sua experiência e capacidade profissional, o tempo a ser dedicado ao paciente, evitando que o acúmulo de encargos ou de consultas venha a prejudicá-lo.

IX – Recusar-se a realizar atos médicos que, embora permitidos por lei, sejam contrários aos ditames de sua consciência.

X – Estabelecer seus honorários de forma justa e digna.

CAPÍTULO III
RESPONSABILIDADE PROFISSIONAL

É vedado ao médico:

Art. 1º Causar dano ao paciente, por ação ou omissão, caracterizável como imperícia, imprudência ou negligência.

Parágrafo único. A responsabilidade médica é sempre pessoal e não pode ser presumida.

Art. 2º Delegar a outros profissionais atos ou atribuições exclusivos da profissão médica.

Art. 3º Deixar de assumir responsabilidade sobre procedimento médico que indicou ou do qual participou, mesmo quando vários médicos tenham assistido o paciente.

Art. 4º Deixar de assumir a responsabilidade de qualquer ato profissional que tenha praticado ou indicado, ainda que solicitado ou consentido pelo paciente ou por seu representante legal.

Art. 5º Assumir responsabilidade por ato médico que não praticou ou do qual não participou.

Art. 6º Atribuir seus insucessos a terceiros e a circunstâncias ocasionais, exceto nos casos em que isso possa ser devidamente comprovado.

Art. 7º Deixar de atender em setores de urgência e emergência, quando for de sua obrigação fazê-lo, expondo a risco a vida de pacientes, mesmo respaldado por decisão majoritária da categoria.

Art. 8º Afastar-se de suas atividades profissionais, mesmo temporariamente, sem deixar outro médico encarregado do atendimento de seus pacientes internados ou em estado grave.

Art. 9º Deixar de comparecer a plantão em horário preestabelecido ou abandoná-lo sem a presença de substituto, salvo por justo impedimento.

Parágrafo único. Na ausência de médico plantonista substituto, a direção técnica do estabelecimento de saúde deve providenciar a substituição.

Art. 10. Acumpliciar-se com os que exercem ilegalmente a Medicina ou com profissionais ou instituições médicas nas quais se pratiquem atos ilícitos.

Art. 11. Receitar, atestar ou emitir laudos de forma secreta ou ilegível, sem a devida identificação de seu número de registro no Conselho Regional de Medicina da sua jurisdição, bem como assinar em branco folhas de receituários, atestados, laudos ou quaisquer outros documentos médicos.

Art. 12. Deixar de esclarecer o trabalhador sobre as condições de trabalho que ponham em risco sua saúde, devendo comunicar o fato aos empregadores responsáveis.

Parágrafo único. Se o fato persistir, é dever do médico comunicar o ocorrido às autoridades competentes e ao Conselho Regional de Medicina.

Art. 13. Deixar de esclarecer o paciente sobre as determinantes sociais, ambientais ou profissionais de sua doença.

Art. 14. Praticar ou indicar atos médicos desnecessários ou proibidos pela legislação vigente no País.

Art. 15. Descumprir legislação específica nos casos de transplantes de órgãos ou de tecidos, esterilização, fecundação artificial, abortamento, manipulação ou terapia genética.

§ 1º No caso de procriação medicamente assistida, a fertilização não deve conduzir sistematicamente à ocorrência de embriões supranumerários.

§ 2º O médico não deve realizar a procriação medicamente assistida com nenhum dos seguintes objetivos:

I – criar seres humanos geneticamente modificados;

II – criar embriões para investigação;

III – criar embriões com finalidades de escolha de sexo, eugenia ou para originar híbridos ou quimeras.

§ 3º Praticar procedimento de procriação medicamente assistida sem que os participantes estejam de inteiro acordo e devidamente esclarecidos sobre o mesmo.

Art. 16. Intervir sobre o genoma humano com vista à sua modificação, exceto na terapia gênica, excluindo-se qualquer ação em células germinativas que resulte na modificação genética da descendência.

Art. 17. Deixar de cumprir, salvo por motivo justo, as normas emanadas dos Conselhos Federal e Regionais de Medicina e de atender às suas requisições administrativas, intimações ou notificações no prazo determinado

Art. 18. Desobedecer aos acórdãos e às resoluções dos Conselhos Federal e Regionais de Medicina ou desrespeitá-los.

Art. 19. Deixar de assegurar, quando investido em cargo ou função de direção, os direitos dos médicos e as demais condições adequadas para o desempenho ético-profissional da Medicina.

Art. 20. Permitir que interesses pecuniários, políticos, religiosos ou de quaisquer outras ordens, do seu empregador ou superior hierárquico ou do financiador público ou privado da assistência à saúde interfiram na escolha dos melhores meios de prevenção, diagnóstico ou tratamento disponíveis e cientificamente reconhecidos no interesse da saúde do paciente ou da sociedade.

Art. 21. Deixar de colaborar com as autoridades sanitárias ou infringir a legislação pertinente.

CAPÍTULO IV
DIREITOS HUMANOS

É vedado ao médico:

Art. 22. Deixar de obter consentimento do paciente ou de seu representante legal após esclarecê-lo sobre o procedimento a ser realizado, salvo em caso de risco iminente de morte.

Art. 23. Tratar o ser humano sem civilidade ou consideração, desrespeitar sua dignidade ou discriminá-lo de qualquer forma ou sob qualquer pretexto.

Art. 24. Deixar de garantir ao paciente o exercício do direito de decidir livremente sobre sua pessoa ou seu bem-estar, bem como exercer sua autoridade para limitá-lo.

Art. 25. Deixar de denunciar prática de tortura ou de procedimentos degradantes, desumanos ou cruéis, praticá-las, bem como ser conivente com quem as realize ou fornecer meios, instrumentos, substâncias ou conhecimentos que as facilitem.

Art. 26. Deixar de respeitar a vontade de qualquer pessoa, considerada capaz física e mentalmente, em greve de fome, ou alimentá-la compulsoriamente, devendo cientificá-la das prováveis complicações do jejum prolongado e, na hipótese de risco iminente de morte, tratá-la.

Art. 27. Desrespeitar a integridade física e mental do paciente ou utilizar-se de meio que possa alterar sua personalidade ou sua consciência em investigação policial ou de qualquer outra natureza.

Art. 28. Desrespeitar o interesse e a integridade do paciente em qualquer instituição na qual esteja recolhido, independentemente da própria vontade.

Parágrafo único. Caso ocorram quaisquer atos lesivos à personalidade e à saúde física ou mental dos pacientes confiados ao médico, este estará obrigado a denunciar o fato à autoridade competente e ao Conselho Regional de Medicina.

Art. 29. Participar, direta ou indiretamente, da execução de pena de morte.

Art. 30. Usar da profissão para corromper costumes, cometer ou favorecer crime.

CAPÍTULO V

RELAÇÃO COM PACIENTES E FAMILIARES

É vedado ao médico:

Art. 31. Desrespeitar o direito do paciente ou de seu representante legal de decidir livremente sobre a execução de práticas diagnósticas ou terapêuticas, salvo em caso de iminente risco de morte.

Art. 32. Deixar de usar todos os meios disponíveis de diagnóstico e tratamento, cientificamente reconhecidos e a seu alcance, em favor do paciente.

Art. 33. Deixar de atender paciente que procure seus cuidados profissionais em casos de urgência ou emergência, quando não haja outro médico ou serviço médico em condições de fazê-lo.

Art. 34. Deixar de informar ao paciente o diagnóstico, o prognóstico, os riscos e os objetivos do tratamento, salvo quando a comunicação direta possa lhe provocar dano, devendo, nesse caso, fazer a comunicação a seu representante legal.

Art. 35. Exagerar a gravidade do diagnóstico ou do prognóstico, complicar a terapêutica ou exceder-se no número de visitas, consultas ou quaisquer outros procedimentos médicos.

Art. 36. Abandonar paciente sob seus cuidados.

§ 1° Ocorrendo fatos que, a seu critério, prejudiquem o bom relacionamento com o paciente ou o pleno desempenho profissional, o médico tem o direito de renunciar ao atendimento, desde que comunique previamente ao paciente ou a seu representante legal, assegurando-se da continuidade dos cuidados e fornecendo todas as informações necessárias ao médico que lhe suceder.

§ 2° Salvo por motivo justo, comunicado ao paciente ou aos seus familiares, o médico não abandonará o paciente por ser este portador de moléstia crônica ou incurável e continuará a assisti-lo ainda que para cuidados paliativos.

Art. 37. Prescrever tratamento ou outros procedimentos sem exame direto do paciente, salvo em casos de urgência ou emergência e impossibilidade comprovada de realizá-lo, devendo, nesse caso, fazê-lo imediatamente após cessar o impedimento.

Parágrafo único. O atendimento médico a distância, nos moldes da telemedicina ou de outro método, dar-se-á sob regulamentação do Conselho Federal de Medicina.

Art. 38. Desrespeitar o pudor de qualquer pessoa sob seus cuidados profissionais.

Art. 39. Opor-se à realização de junta médica ou segunda opinião solicitada pelo paciente ou por seu representante legal.

Art. 40. Aproveitar-se de situações decorrentes da relação médico-paciente para obter vantagem física, emocional, financeira ou de qualquer outra natureza.

Art. 41. Abreviar a vida do paciente, ainda que a pedido deste ou de seu representante legal.

Parágrafo único. Nos casos de doença incurável e terminal, deve o médico oferecer todos os cuidados paliativos disponíveis sem empreender ações diagnósticas ou terapêuticas inúteis ou obstinadas, levando sempre em consideração a vontade expressa do paciente ou, na sua impossibilidade, a de seu representante legal.

Art. 42. Desrespeitar o direito do paciente de decidir livremente sobre método contraceptivo, devendo sempre esclarecê-lo sobre indicação, segurança, reversibilidade e risco de cada método.

CAPÍTULO VI
DOAÇÃO E TRANSPLANTE DE ÓRGÃOS E TECIDOS

É vedado ao médico:

Art. 43. Participar do processo de diagnóstico da morte ou da decisão de suspender meios artificiais para prolongar a vida do possível doador, quando pertencente à equipe de transplante.

Art. 44. Deixar de esclarecer o doador, o receptor ou seus representantes legais sobre os riscos decorrentes de exames, intervenções cirúrgicas e outros procedimentos nos casos de transplantes de órgãos.

Art. 45. Retirar órgão de doador vivo quando este for juridicamente incapaz, mesmo se houver autorização de seu representante legal, exceto nos casos permitidos e regulamentados em lei.

Art. 46. Participar direta ou indiretamente da comercialização de órgãos ou de tecidos humanos.

CAPÍTULO VII
RELAÇÃO ENTRE MÉDICOS

É vedado ao médico:

Art. 47. Usar de sua posição hierárquica para impedir, por motivo de crença religiosa, convicção filosófica, política, interesse econômico ou qualquer outro, que não técnico-científico ou ético, que as instalações e os demais recursos da instituição sob sua direção, sejam utilizados por outros médicos no exercício da profissão, particularmente se forem os únicos existentes no local.

Art. 48. Assumir emprego, cargo ou função para suceder médico demitido ou afastado em represália à atitude de defesa de movimentos legítimos da categoria ou da aplicação deste Código.

Art. 49. Assumir condutas contrárias a movimentos legítimos da categoria médica com a finalidade de obter vantagens.

Art. 50. Acobertar erro ou conduta antiética de médico.

Art. 51. Praticar concorrência desleal com outro médico.

Art. 52. Desrespeitar a prescrição ou o tratamento de paciente, determinados por outro médico, mesmo quando em função de chefia ou de auditoria, salvo em situação de indiscutível benefício para o paciente, devendo comunicar imediatamente o fato ao médico responsável.

Art. 53. Deixar de encaminhar o paciente que lhe foi enviado para procedimento especializado de volta ao médico assistente e, na ocasião, fornecer-lhe as devidas informações sobre o ocorrido no período em que por ele se responsabilizou.

Art. 54. Deixar de fornecer a outro médico informações sobre o quadro clínico de paciente, desde que autorizado por este ou por seu representante legal.

Art. 55. Deixar de informar ao substituto o quadro clínico dos pacientes sob sua responsabilidade ao ser substituído ao fim do seu turno de trabalho.

Art. 56. Utilizar-se de sua posição hierárquica para impedir que seus subordinados atuem dentro dos princípios éticos.

Art. 57. Deixar de denunciar atos que contrariem os postulados éticos à comissão de ética da instituição em que exerce seu trabalho profissional e, se necessário, ao Conselho Regional de Medicina.

CAPÍTULO VIII
REMUNERAÇÃO PROFISSIONAL

É vedado ao médico:

Art. 58. O exercício mercantilista da Medicina.

Art. 59. Oferecer ou aceitar remuneração ou vantagens por paciente encaminhado ou recebido, bem como por atendimentos não prestados.

Art. 60. Permitir a inclusão de nomes de profissionais que não participaram do ato médico para efeito de cobrança de honorários.

Art. 61. Deixar de ajustar previamente com o paciente o custo estimado dos procedimentos.

Art. 62. Subordinar os honorários ao resultado do tratamento ou à cura do paciente.

Art. 63. Explorar o trabalho de outro médico, isoladamente ou em equipe, na condição de proprietário, sócio, dirigente ou gestor de empresas ou instituições prestadoras de serviços médicos.

Art. 64. Agenciar, aliciar ou desviar, por qualquer meio, para clínica particular ou instituições de qualquer natureza, paciente atendido pelo sistema público de saúde ou dele utilizar-se para a execução de procedimentos médicos em sua clínica privada, como forma de obter vantagens pessoais.

Art. 65. Cobrar honorários de paciente assistido em instituição que se destina à prestação de serviços públicos, ou receber remuneração de paciente como complemento de salário ou de honorários.

Art. 66. Praticar dupla cobrança por ato médico realizado.

Parágrafo único. A complementação de honorários em serviço privado pode ser cobrada quando prevista em contrato.

Art. 67. Deixar de manter a integralidade do pagamento e permitir descontos ou retenção de honorários, salvo os previstos em lei, quando em função de direção ou de chefia.

Art. 68. Exercer a profissão com interação ou dependência de farmácia, indústria farmacêutica, óptica ou qualquer organização destinada à fabricação, manipulação, promoção ou comercialização de produtos de prescrição médica, qualquer que seja sua natureza.

Art. 69. Exercer simultaneamente a Medicina e a Farmácia ou obter vantagem pelo encaminhamento de procedimentos, pela comercialização de medicamentos, órteses, próteses ou implantes de qualquer natureza, cuja compra decorra de influência direta em virtude de sua atividade profissional.

Art. 70. Deixar de apresentar separadamente seus honorários quando outros profissionais participarem do atendimento ao paciente.

Art. 71. Oferecer seus serviços profissionais como prêmio, qualquer que seja sua natureza.

Art. 72. Estabelecer vínculo de qualquer natureza com empresas que anunciam ou comercializam planos de financiamento, cartões de descontos ou consórcios para procedimentos médicos.

CAPÍTULO IX
SIGILO PROFISSIONAL

É vedado ao médico:

Art. 73. Revelar fato de que tenha conhecimento em virtude do exercício de sua profissão, salvo por motivo justo, dever legal ou consentimento, por escrito, do paciente.

Parágrafo único. Permanece essa proibição: a) mesmo que o fato seja de conhecimento público ou o paciente tenha falecido; b) quando de seu depoimento como testemunha. Nessa hipótese, o médico comparecerá perante a autoridade e declarará seu impedimento; c) na investigação de suspeita de crime, o médico estará impedido de revelar segredo que possa expor o paciente a processo penal.

Art. 74. Revelar sigilo profissional relacionado a paciente menor de idade, inclusive a seus pais ou representantes legais, desde que o menor tenha capacidade de discernimento, salvo quando a não revelação possa acarretar dano ao paciente.

Art. 75. Fazer referência a casos clínicos identificáveis, exibir pacientes ou seus retratos em anúncios profissionais ou na divulgação de assuntos médicos, em meios de comunicação em geral, mesmo com autorização do paciente.

Art. 76. Revelar informações confidenciais obtidas quando do exame médico de trabalhadores, inclusive por exigência dos dirigentes de empresas ou de instituições, salvo se o silêncio puser em risco a saúde dos empregados ou da comunidade.

Art. 77. Prestar informações a empresas seguradoras sobre as circunstâncias da morte do paciente sob seus cuidados, além das contidas na declaração de óbito.

Art. 78. Deixar de orientar seus auxiliares e alunos a respeitar o sigilo profissional e zelar para que seja por eles mantido.

Art. 79. Deixar de guardar o sigilo profissional na cobrança de honorários por meio judicial ou extrajudicial.

CAPÍTULO X
DOCUMENTOS MÉDICOS

É vedado ao médico:

Art. 80. Expedir documento médico sem ter praticado ato profissional que o justifique, que seja tendencioso ou que não corresponda à verdade.

Art. 81. Atestar como forma de obter vantagens.

Art. 82. Usar formulários de instituições públicas para prescrever ou atestar fatos verificados na clínica privada.

Art. 83. Atestar óbito quando não o tenha verificado pessoalmente, ou quando não tenha prestado assistência ao paciente, salvo, no último caso, se o fizer como plantonista, médico substituto ou em caso de necropsia e verificação médico-legal.

Art. 84. Deixar de atestar óbito de paciente ao qual vinha prestando assistência, exceto quando houver indícios de morte violenta.

Art. 85. Permitir o manuseio e o conhecimento dos prontuários por pessoas não obrigadas ao sigilo profissional quando sob sua responsabilidade.

Art. 86. Deixar de fornecer laudo médico ao paciente ou a seu representante legal quando aquele for encaminhado ou transferido para continuação do tratamento ou em caso de solicitação de alta.

Art. 87. Deixar de elaborar prontuário legível para cada paciente.

§ 1º O prontuário deve conter os dados clínicos necessários para a boa condução do caso, sendo preenchido, em cada avaliação, em ordem cronológica com data, hora, assinatura e número de registro do médico no Conselho Regional de Medicina.

§ 2º O prontuário estará sob a guarda do médico ou da instituição que assiste o paciente.

Art. 88. Negar, ao paciente, acesso a seu prontuário, deixar de lhe fornecer cópia quando solicitada, bem como deixar de lhe dar explicações necessárias à sua compreensão, salvo quando ocasionarem riscos ao próprio paciente ou a terceiros.

Art. 89. Liberar cópias do prontuário sob sua guarda, salvo quando autorizado, por escrito, pelo paciente, para atender ordem judicial ou para a sua própria defesa.

§ 1º Quando requisitado judicialmente o prontuário será disponibilizado ao perito médico nomeado pelo juiz.

§ 2º Quando o prontuário for apresentado em sua própria defesa, o médico deverá solicitar que seja observado o sigilo profissional.

Art. 90. Deixar de fornecer cópia do prontuário médico de seu paciente quando de sua requisição pelos Conselhos Regionais de Medicina.

Art. 91. Deixar de atestar atos executados no exercício profissional, quando solicitado pelo paciente ou por seu representante legal.

CAPÍTULO XI
AUDITORIA E PERÍCIA MÉDICA

É vedado ao médico:

Art. 92. Assinar laudos periciais, auditorias ou de verificação médico-legal quando não tenha realizado pessoalmente o exame.

Art. 93. Ser perito ou auditor do próprio paciente, de pessoa de sua família ou de qualquer outra com a qual tenha relações capazes de influir em seu trabalho ou de empresa em que atue ou tenha atuado.

Art. 94. Intervir, quando em função de auditor, assistente técnico ou perito, nos atos profissionais de outro médico, ou fazer qualquer apreciação em presença do examinado, reservando suas observações para o relatório.

Art. 95. Realizar exames médico-periciais de corpo de delito em seres humanos no interior de prédios ou de dependências de delegacias de polícia, unidades militares, casas de detenção e presídios.

Art. 96. Receber remuneração ou gratificação por valores vinculados à glosa ou ao sucesso da causa, quando na função de perito ou de auditor.

Art. 97. Autorizar, vetar, bem como modificar, quando na função de auditor ou de perito, procedimentos propedêuticos ou terapêuticos instituídos, salvo, no último caso, em situações de urgência, emergência ou iminente perigo de morte do paciente, comunicando, por escrito, o fato ao médico assistente.

Art. 98. Deixar de atuar com absoluta isenção quando designado para servir como perito ou como auditor, bem como ultrapassar os limites de suas atribuições e de sua competência.

Parágrafo único. O médico tem direito a justa remuneração pela realização do exame pericial.

CAPÍTULO XII

ENSINO E PESQUISA MÉDICA

É vedado ao médico:

Art. 99. Participar de qualquer tipo de experiência envolvendo seres humanos com fins bélicos, políticos, étnicos, eugênicos ou outros que atentem contra a dignidade humana.

Art. 100. Deixar de obter aprovação de protocolo para a realização de pesquisa em seres humanos, de acordo com a legislação vigente.

Art. 101. Deixar de obter do paciente ou de seu representante legal o termo de consentimento livre e esclarecido para a realização de pesquisa envolvendo seres humanos, após as devidas explicações sobre a natureza e as consequências da pesquisa.

Parágrafo único. No caso do sujeito de pesquisa ser menor de idade, além do consentimento de seu representante legal, é necessário seu assentimento livre e esclarecido na medida de sua compreensão.

Art. 102. Deixar de utilizar a terapêutica correta, quando seu uso estiver liberado no País.

Parágrafo único. A utilização de terapêutica experimental é permitida quando aceita pelos órgãos competentes e com o consentimento do paciente ou de seu representante legal, adequadamente esclarecidos da situação e das possíveis consequências.

Art. 103. Realizar pesquisa em uma comunidade sem antes informá-la e esclarecê-la sobre a natureza da investigação e deixar de atender ao objetivo de proteção à saúde pública, respeitadas as características locais e a legislação pertinente.

Art. 104. Deixar de manter independência profissional e científica em relação a financiadores de pesquisa médica, satisfazendo interesse comercial ou obtendo vantagens pessoais.

Art. 105. Realizar pesquisa médica em sujeitos que sejam direta ou indiretamente dependentes ou subordinados ao pesquisador.

Art. 106. Manter vínculo de qualquer natureza com pesquisas médicas, envolvendo seres humanos, que usem placebo em seus experimentos, quando houver tratamento eficaz e efetivo para a doença pesquisada.

Art. 107. Publicar em seu nome trabalho científico do qual não tenha participado; atribuir-se autoria exclusiva de trabalho realizado por seus subordinados ou outros profissionais, mesmo quando executados sob sua orientação, bem como omitir do artigo científico o nome de quem dele tenha participado.

Art. 108. Utilizar dados, informações ou opiniões ainda não publicados, sem referência ao seu autor ou sem sua autorização por escrito.

Art. 109. Deixar de zelar, quando docente ou autor de publicações científicas, pela veracidade, clareza e imparcialidade das informações apresentadas, bem como deixar de declarar relações com a indústria de medicamentos, órteses, próteses, equipamentos, implantes de qualquer natureza e outras que possam configurar conflitos de interesses, ainda que em potencial.

Art. 110. Praticar a Medicina, no exercício da docência, sem o consentimento do paciente ou de seu representante legal, sem zelar por sua dignidade e privacidade ou discriminando aqueles que negarem o consentimento solicitado.

CAPÍTULO XIII
PUBLICIDADE MÉDICA

É vedado ao médico:

Art. 111. Permitir que sua participação na divulgação de assuntos médicos, em qualquer meio de comunicação de massa, deixe de ter caráter exclusivamente de esclarecimento e educação da sociedade.

Art. 112. Divulgar informação sobre assunto médico de forma sensacionalista, promocional ou de conteúdo inverídico.

Art. 113. Divulgar, fora do meio científico, processo de tratamento ou descoberta cujo valor ainda não esteja expressamente reconhecido cientificamente por órgão competente.

Art. 114. Consultar, diagnosticar ou prescrever por qualquer meio de comunicação de massa.

Art. 115. Anunciar títulos científicos que não possa comprovar e especialidade ou área de atuação para a qual não esteja qualificado e registrado no Conselho Regional de Medicina.

Art. 116. Participar de anúncios de empresas comerciais qualquer que seja sua natureza, valendo-se de sua profissão.

Art. 117. Apresentar como originais quaisquer ideias, descobertas ou ilustrações que na realidade não o sejam.

Art. 118. Deixar de incluir, em anúncios profissionais de qualquer ordem, o seu número de inscrição no Conselho Regional de Medicina.

Parágrafo único. Nos anúncios de estabelecimentos de saúde devem constar o nome e o número de registro, no Conselho Regional de Medicina, do diretor técnico.

CAPÍTULO XIV
DISPOSIÇÕES GERAIS

I – O médico portador de doença incapacitante para o exercício profissional, apurada pelo Conselho Regional de Medicina em procedimento administrativo com perícia médica, terá seu registro suspenso enquanto perdurar sua incapacidade.

II – Os médicos que cometerem faltas graves previstas neste Código e cuja continuidade do exercício profissional constitua risco de danos irreparáveis ao paciente ou à sociedade poderão ter o exercício profissional suspenso mediante procedimento administrativo específico.

III – O Conselho Federal de Medicina, ouvidos os Conselhos Regionais de Medicina e a categoria médica, promoverá a revisão e atualização do presente Código quando necessárias.

IV – As omissões deste Código serão sanadas pelo Conselho Federal de Medicina.

Impresso em setembro de 2016